Am ehemaligen Haltepunkt Falkenstein befindet sich der Grenzübergang zur DDR, aus der im Mai 1979 Lok 118 006 kommt (o.). Am Falkenstein steht auch ein Schild Berlin/München, das mit Burg Lauenstein die Frankenwaldbahn symbolisiert (s. Abb. M., s. S. 21)

Ein Wechselbad der Gefühle

Liebe Leserinnen, liebe Leser,

Ende 1988 war ich zu Besuch in Ludwigsstadt im Frankenwald. Eine schöne Bahnstrecke in wildromantischer Gegend erwartete mich, fasziniert schaute ich auf Schnellzüge, die mit Güterloks bespannt waren. Aber all das täuschte nicht darüber hinweg, dass diese Verbindung abseits der großen Verkehrsströme lag. Die Nähe zur streng abgeschirmten Grenze der DDR wirkte nach. Und das bedrückte, selbst wenn die Frankenwaldbahn einen Übergang in die DDR ermöglichte. Mit gemischten Gefühlen fuhr ich damals wieder ab. Ich hätte mir nie träumen lassen, dass elf Monate später die Grenze offen und alles anders sein würde. Als habe jemand die Strecke aus dem Dornröschenschlaf geholt.

Das Auf und Ab, welches die Verbindung von Lichtenfels nach Saalfeld zwischen deutscher Teilung und deutscher Einheit durchlief, aber ebenso den ganz normalen Betriebsalltag im Frankenwald und im angrenzenden Thüringen möchten wir Ihnen in diesem BAHN EXTRA näher bringen. Dafür haben Experten vor Ort Daten, Fakten und zahlreiche Informationen zusammengetragen. Zeitzeugen kommen zu Wort, seltene Fotos illustrieren das Geschehen und manche Eigenheit dazu. Ich wünsche Ihnen eine interessante Lektüre und viel Freude mit dem Heft.

Thomas Hanna-Daoud
Verantwortlicher Redakteur

Eindrücke von der Frankenwaldbahn: Ost-West-Reisewelle in Ludwigsstadt Ende 1989 (l.), Culemeyer-Transport für Tettau in Steinbach am Wald (r.)

Hans-Jürgen Müller/Eisenbahnstiftung (o.), Stadtarchiv Ludwigsstadt (u. l.), Rolf Schierer (u. r.)

18 Während der deutschen Teilung führte die Frankenwaldbahn ein Schattendasein. Doch das änderte sich nach 1989 rasant

24 Kriegsende, Teilung, Einheit: ein halbes Jahrhundert Frankenwaldbahn

36 Die Geschichte des berühmt-berüchtigten Grenzbahnhofs Probstzella

50 Von der Hauptbahn zweigten reizvolle Nebenbahnen ab: sieben Kurzporträts

BahnExtra: Titel – Frankenwaldbahn 1945–95

Aufnahmen der Titelseite:
Georg Wagner (gr. Bild),
Slg. Michael Reimer, Rainer Heinrich (o., v. l.), Dieter Bodeck/Slg. Wilfried Kohlmeier, Richard J. Solomon, Harald Schönfeld (u., v. l.);
Bilder S. 4:
Ralf Händeler (o.), Jürgen Hörstel, Dr. Brian Rampp, Norbert Kempf (u., v. l.).
Bilder S. 5:
Rainer Heinrich, Wilfried Kohlmeier (o., v. l.), Deutsche Bahn Stiftung gGmbH, Martin Weltner (u., v. l.)

8 ELNA-Loks und letzter Schmalspurbetrieb machen den Bahnhof Barth 1970 zu etwas ganz Besonderem

70 Deutschlands allerallerletzte T 3 fuhr in Warburg bei einer Zuckerfabrik: Fotoschätze aus Ostwestfalen

78 Er stand oft im Schatten anderer Konstrukteure, doch auch Hans Schulze machte sich um die deutsche Loktechnik sehr verdient

84 Sie machte Amerikas Diesellok berühmte und war zeitweise der weltweit größte Diesellokhersteller. 2022 wird EMD 100 Jahre alt

BahnExtra: BahnEpoche

Eisenbahn und Nebel

Obacht, schlechte Sicht!

Aufnahmen: Walter Hollnagel/Eisenbahnstiftung (gr. Bild), Jean-Jaques Nsaka/Eisenbahnstiftung (kl. Bild r.), Benno Wiesmüller (kl. Bild l.); Text: GM; Mitarbeit: Marco Frühwein, Peter Garke, Benno Wiesmüller

Jetzt kommen wieder die Wochen, in denen es öfter mal unsichtig werden kann. Wenn sich zum Beispiel an einem kühlen Tag in Bodennähe kondensierter Wasserdampf sammelt, setzt Nebel ein. So wie am 22. November 1951 im Hamburger Hauptbahnhof (r.): Bleiern liegen die grauen Schwaden über Stadt und Bahn, wo sie nun alles in schemenhafte Konturen hüllen. Man kann förmlich spüren, wie feinste Tropfen in der Luft schweben, sich auf metallenen Oberflächen absetzen oder allen, die im Freien unterwegs sind, einen kalten Hauch in Hals und Nacken legen. Derweil versuchen Lampen unentwegt, klarere Konturen aus der dichten Tröpfchenmasse zu schneiden, und erhellen doch nur ein paar Flächen. Wobei: Ein bisschen an Sicht scheint der herbstliche Tag auch schon wieder freizugeben; die Formsignale zeichnen sich recht klar ab. Mancher Eisenbahner dürfte da vielleicht ein wenig aufgeatmet haben. Nebelwetter wird leicht zu einer Herausforderung für den Betriebsalltag.

Was gilt für Lokführer?

Spezielle Bestimmungen für das betriebliche Vorgehen bei solchen Wetterlagen lassen sich bei Bundesbahn, Reichsbahn in der DDR und Deutscher Bahn AG fast nicht finden. Die Bahngesellschaften haben allgemeine Regelungen für den Betrieb bei schlechten Sichtverhältnissen aufgestellt – und die nebligen Zeiten dabei meist subsummiert.

Lokführer werden zum Beispiel bei ihrer Ausbildung auf Fahrten unter derartigen Verhältnissen vorbereitet. Vor- und Hauptsignale stehen in der Regel so an der Strecke platziert, dass bei ihrer Beachtung ein Zug den Bremsweg sicher einhalten und stoppen kann. Entsprechend ist ein Lokführer auch bei unsichtigem Wetter imstande, anhand der Streckenkenntnis und der Kilometertafeln neben den Gleisen die Signalstandorte zu bestimmen und die Fahrt nach den dort gezeigten Signalbegriffen auszurichten. Allerdings: Es kostet viel Kraft, Konzentration und bringt einige Anspannung mit sich, die Signale im kompakten Grau zu erfassen. Werden die Verhältnisse besonders widrig, gilt die Prämisse „Fahren auf Sicht“ – notfalls mit reduzierter Geschwindigkeit, sollten sich die Signalstandorte nicht mit Sicherheit bestimmen lassen.

Dieses „Fahren unter Signalführung“ mit punktueller Signalerfassung ist heutzutage bis zu 160 km/h zulässig. Bei Geschwindigkeiten darüber hinaus braucht es eine permanente Übertragung bzw. Kontrolle der Signale auf dem Führerstand. Sie werden in der Regel elektronisch erfasst und aus den Daten die zulässigen Geschwindigkeiten errechnet, die der Lokführer als Vorgabe für seine Bedienung des Triebfahrzeugs erhält.

Was gilt für Fahrdienstleiter?

Die schlechte Sicht schränkt freilich nicht nur Lokführer ein. Auch für Fahrdienstleiter konnte und kann das zu einer Hürde werden – vor allem bei mechanischen oder elektromechanischen Stellwerken ohne Gleisfreimeldeeinrichtungen. In solchen Fällen mussten sich die diensthabenden Eisenbahner per Augenschein vom freien Fahrweg überzeugen, bevor sie Weichen und Signale stellten. Bei dichtem Nebel keine leichte Aufgabe. Wenn erforderlich, hieß das sogar, dass Fahrdienstleiter oder Weichenwärter den Bahnhof abliefen. Oder es wurden externe „Nebelposten“ aufgestellt, welche die Gleise vor Ort überblickten – so wie an der südlichen Ausfahrt von Hamburg Hauptbahnhof im Posten Hr nahe bei dem elektromechanischen Fahrdienstleiterstellwerk Hs. Ob dort auch am fraglichen Novembertag 1951 ein Eisenbahner Meldung machte?

Generell gab und gibt es für Fahrdienstleiter – wie für Lokführer – nur wenige Vorschriften, die sich auf den Betrieb bei Nebel beziehen. Explizit ist aber die Unterstützung für Lokführer vermerkt: „Bei unsichtigem Wetter“, so der Wortlaut, „muss der Fahrdienstleiter dem Triebfahrzeugführer mitteilen, dass das Hauptsignal auf Fahrt gestellt wurde.“ Das geschieht mündlich über Funk.

Daneben können sich die Männer und Frauen in den Stellwerken auf ihre Erfahrung stützen. Beispielsweise ist es ratsam, bei Nebel eine Durchfahrt einzustellen. Wenn sich der Lokführer beim „Halt erwarten“ zeigenden Vorsignal langsam an das Hauptsignal „herantastet“, kann das bei schweren Zügen lange dauern und den Bahnhof blockieren. Eine weitere Erkenntnis: Bei „richtig dicker Suppe“ sind Stellwerker mit Lichtsignalen besser dran. Deren Helligkeit übertrifft klar jene der Lampen bei Formsignalen, zudem gibt es eine hellere Tages- und eine gedimmte Nachtschaltung; bei nächtlichem Nebel wird auf Tagschaltung gestellt. All das hilft, wenn wieder graue Schwaden übers Land ziehen.

Schummrige Zeiten im Hamburger Hauptbahnhof: Am 22. November 1951 tauchen dichte Nebelschwaden die stolze Halle in diffuses Grau. Die herbstlichen Verhältnisse verlangen den Eisenbahnern einiges ab

Links: Am Posten Hr in Hamburg Hauptbahnhof gab es einen „Nebelposten", der für die Kollegen vom Fahrdienstleiterstellwerk Hs bei schlechter Sicht den Fahrweg durch Augenschein prüfte. Mit der Inbetriebnahme des Zentralstellwerks Hzf 1977 waren in Hamburg Hbf bei störungsfreiem Betrieb des Stellwerks keine solchen Prüfungen mehr erforderlich

Rechts: Alles andere als einen leichten Dienst hat der Lokführer an diesem Dezembertag 1997 bei Ludwigshafen-Rheingönheim. Immerhin: Selbst bei dieser geringen Sichtweite können sich die Lichtsignale noch „bemerkbar machen"

Eine der Besonderheiten im Bahnbetrieb von Barth im Sommer 1970 ist der Einsatz von ELNA-Dampflokomotiven. Am 22. Juli konnte ich Lok 91 6283 bei Rangierarbeiten im Bahnhof erleben; rechts das Stellwerk B1 Abbildungen des Beitrags, wenn nicht anders angegeben: Rainer Heinrich bzw. Slg. Rainer Heinrich

Barth 1970

Eine höchst interessante Übergangszeit

Ein Urlaub führte mich im Juli 1970 in das nahe der Ostseeküste gelegene Barth. Dort traf ich auf einen Endbahnhof mit zwei Spurweiten und einem Betrieb, der mich faszinierte. Was ich erst später erfuhr: Für manche der Attraktionen war ich gerade noch rechtzeitig gekommen *Von Rainer Heinrich/GM*

Als Lehrling im Reichsbahn-Ausbesserungswerk (Raw) Zwickau hatte man die Möglichkeit, während seiner Lehrzeit einmal in der betriebseigenen Ferieneinrichtung in Zingst, einem Bungalow-Dorf, einen zweiwöchigen Urlaub zu verbringen. Ich nahm diese Möglichkeit im Juli 1970 wahr; erstmals in meinen noch jungen Jahren konnte ich Ostsee-Luft schnuppern. Die Anreise geschah traditionsgemäß mit dem ersten Freifahrt-Schein und einer zwölfstündigen Fahrt über Nacht

Infrastruktur

Die Anlagen des Bahnhofs Barth

Wie im Text erwähnt, teilte sich der Bahnhof Barth auf in einen Bereich für Normalspur und einen solchen für Meterspur (r.). Der Normalspurbahnhof Barth verfügte zu seiner „Glanzzeit" über eine stattliche Infrastruktur. Er besaß zwölf Gleise mit 20 Weichen, fünf doppelten Kreuzungsweichen (DKW) und einer doppelten Gleisverbindung. Die Bahnsteige der Gleise 1 und 2 hatten 197 bzw. 259 Meter Länge. Unmittelbar an der Bahnhofsausfahrt nach Velgast befanden sich westlich die Anlagen des Lokbahnhofs Barth mit einem zweigleisigen Lokschuppen und einem Wasserturm (Fassungsvermögen 60 Kubikmeter). 1937 erhielt Barth eine 16-Meter-Drehscheibe, die man später noch verlängerte. Der Lokbahnhof Barth war vom 1. Januar 1950 bis zum 31. Dezember 1969 ein selbstständiges DR-Bahnbetriebswerk und beheimatete auch die Fahrzeuge der ehemaligen FKB, bevor man ihn zu einer Einsatzstelle des Bahnbetriebswerks Stralsund umwandelte.

Auf dem Schmalspurbahnhof, welcher gleich östlich neben dem Normalspurbahnhof lag, gab es fünf Hauptgleise mit bis zu 600 Metern Länge, die mit 24 Weichen verbunden waren, eine für Schmalspurbahnen beachtliche Gleisanordnung. Unmittelbar dem Empfangsgebäude gegenüber befand sich ein zweigleisiger Lokschuppen, unweit südlich davon ein Triebwagenschuppen mit Tankanlage.

Die Betriebswerkstatt für Wagen und Lokomotiven lag östlich der Bahnhofsausfahrt in Richtung Stralsund. Vor der Betriebswerkstatt wurde nach 1950 eine Überladerampe gebaut, weil die Fahrzeuge der Schmalspurbahn zur Instandsetzung jetzt in die zuständigen Raw der Deutschen Reichsbahn, nach Görlitz und Wittenberge, befördert werden mussten. Die Schmalspurbahn benutzte an der Ausfahrt nach Stralsund für ein paar hundert Meter das regelspurige Gleis zum Hafen und Zuckerfabrik mit einer dritten Schiene, bevor sie sich nach rechts ausfädelte.

Bf Barth

Strecke: Velgast – Prerow, km 30,29

Stand: 1967, Maßstab: verzerrt

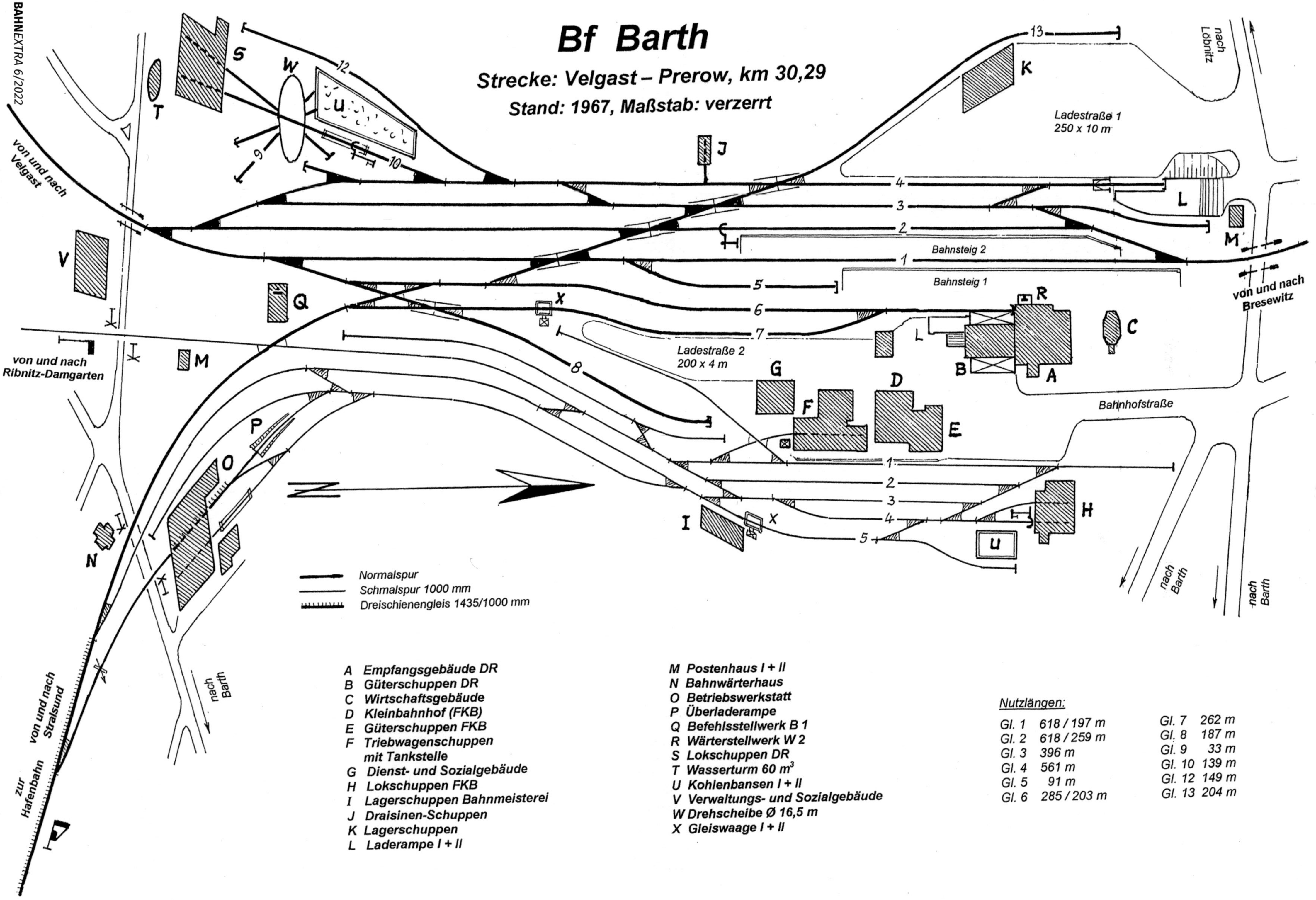

A Empfangsgebäude DR
B Güterschuppen DR
C Wirtschaftsgebäude
D Kleinbahnhof (FKB)
E Güterschuppen FKB
F Triebwagenschuppen mit Tankstelle
G Dienst- und Sozialgebäude
H Lokschuppen FKB
I Lagerschuppen Bahnmeisterei
J Draisinen-Schuppen
K Lagerschuppen
L Laderampe I + II
M Postenhaus I + II
N Bahnwärterhaus
O Betriebswerkstatt
P Überladerampe
Q Befehlsstellwerk B 1
R Wärterstellwerk W 2
S Lokschuppen DR
T Wasserturm 60 m^3
U Kohlenbansen I + II
V Verwaltungs- und Sozialgebäude
W Drehscheibe Ø 16,5 m
X Gleiswaage I + II

Nutzlängen:

Gl. 1	618 / 197 m	Gl. 7	262 m
Gl. 2	618 / 259 m	Gl. 8	187 m
Gl. 3	396 m	Gl. 9	33 m
Gl. 4	561 m	Gl. 10	139 m
Gl. 5	91 m	Gl. 12	149 m
Gl. 6	285 / 203 m	Gl. 13	204 m

Gleisplan: Wilfried Rettig

Blick vom Stellwerk B1 aus auf den Bahnhof Barth, 21. Mai 1967. Links der Normalspur-, rechts der Schmalspurbereich. Auf Letzterem findet beim Besuch im Juli 1970 nur noch ein Restbetrieb statt. Die Stilllegung der Meterspurbahn steht kurz bevor Klaus Kieper/Slg. Rene Stannigel

Der Vorkriegstriebwagen VT 135 039 war seit Anfang der 1960er-Jahre Stammtriebwagen des Bw Barth mit Einsatz auf der Nebenbahn Velgast – Barth. Am 20. Juli 1970 wartet er in Velgast auf die Rückfahrt nach Barth. An der Seite steht unter anderem das letzte Revisionsdatum (Raw Wittenberge, 26.03.1970)

Die Strecken rund um Barth, entnommen der Karte des DR-Kursbuchs vom Sommer 1970

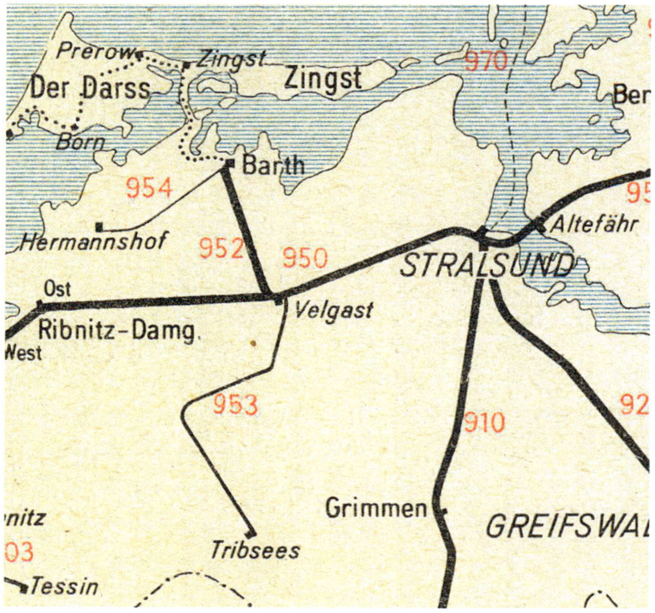

mit dampflokgeführten D-Zügen der Deutschen Reichsbahn (DR) von Zwickau über Berlin und Stralsund nach Barth, von dort aus weiter mit dem Bus. Der unterwegs gesehene Bahnhof Barth hatte es mir indes angetan, sodass ich ihn nochmal besuchen wollte. Am 22. Juli machte ich mich dorthin auf den Weg.

Verkehrsdrehscheibe für die Region

Das Aufblühen des Ferienverkehrs in die Ostseebäder der Halbinselkette Zingst-Darß-Fischland hatte zu Beginn der 1950er-Jahre dazu geführt, dass der Bahnhof Barth in den Sommermonaten zu einer Drehscheibe des Urlaubsreiseverkehrs in diese Region wurde. So wurden in den Sommerfahrplänen auch Schnellzüge aus dem Süden der DDR über die nur 11,4 Kilometer lange Nebenbahn von Velgast nach Barth eingelegt.

Allgemein bot die Stadt Barth in Sachen Eisenbahn viel Interessantes. Am 1. Juli 1888 hatte eine Stichbahn von Velgast aus den Anschluss an die Eisenbahnstrecke Stralsund – Rostock hergestellt. Im Jahre 1892 erhielten in Barth die neu eröffnete Zuckerfabrik und der Hafen einen normalspurigen Gleisanschluss vom Bahnhof aus. Um dem zunehmenden Transportbedarf an vor allem landwirtschaftlichen Gütern nördlich der regelspurigen Strecke Stralsund – Rostock im Barther Raum gerecht zu werden, kam es noch zum Bau eines meterspurigen Kleinbahnnetzes von Damgarten über Barth nach Stralsund und Klausdorf. Am 4. Mai 1895 ging das 67,1 Kilometer lange Streckennetz der Franzburger Kreisbahnen (FKB) in Betrieb. Diese einzige Meterspurbahn in Vorpommern wurde am 1. April 1949 von der Deutschen Reichsbahn übernommen. Zu den Haupttransportgütern zählten Rüben für die Zuckerfabriken in Barth und Stralsund.

Kurz vor dessen Ende konnte ich 1970 in Barth noch den Betrieb auf schmaler Spur bestaunen

Betriebsmittelpunkt für die Schmalspurbahn war von 1895 an 75 Jahre lang der Bahnhof Barth. Aber auch Barths Bedeutung bei der Normalspurbahn nahm im Laufe der Jahrzehnte zu, insbesondere nach der Verlängerung der Stecke von Barth nach Prerow (Darßbahn), welche von 1910 bis 1947 bestand. Barth als Kreuzungspunkt mehrerer Strecken hatte umfangreiche Gleisanlagen und Betriebseinrichtungen für beide Spurweiten. Das zeigte ein weiteres Mal die Bedeutung Barths als Verkehrsdrehscheibe für die Region.

Bei meinem Besuch am 22. Juli 1970 hatte ich in mehrfacher Hinsicht Glück. Die beachtlichen Anlagen des Bahnhofs Barth (siehe Seite 9) gab es im Wesentlichen noch. Der Betrieb war faszinierend, nicht nur, weil ich eine Menge erleben konnte, sondern, weil – wie sich später herausstellte – ich auch eine höchst interessante Übergangszeit erwischte. Auf Normalspur befand sich der Dampf- gegenüber dem Dieselbetrieb schon auf dem Rückzug, bot aber immer noch einige Attraktionen. Manche davon waren im Sommer 1970 zum letzten Mal zu sehen. Außerdem hatte ich noch die Gelegenheit, den Meterspurbetrieb zu bestaunen – kurz vor dessen Ende!

Betrieb im Sommer 1970: Normalspur

Ein Markenzeichen des Barther Normalspur-Lokbestands waren seit 1950 die ELNA-Dampfloks der Baureihen 91^{62} und 91^{64}, die hauptsächlich im Rangier- und

Wie interessant der Eisenbahnbetrieb um Barth im Juli 1970 noch war! Auf der Normalspurseite des Bahnhofs Barth konnte ich zum Beispiel verfolgen, wie die ELNA-Lok 91 6283 Güterwagen verschob

Im Personenzugdienst auf der Strecke Stralsund – Rostock wurden im Sommer 1970 auch Schnellzugloks der Baureihe 03^{10} mit Ölhauptfeuerung des Bw Stralsund eingesetzt. Im Bahnhof Velgast legt am 20. Juli 1970 Lok 03 1075 einen Halt ein; die Reisenden haben Anschluss zu einem Triebwagen nach Barth

Die Lok 91 6480 kam erst am 11. November 1969 vom Bw Salzwedel nach Barth. Mit 45 Jahren Dienstzeit beendete sie am 19. September 1970 den Einsatz von ELNA-Tenderloks in Barth. Auffällig an der Maschine ist ein Wasserheber (Elevator) zum Wassernehmen aus Brunnen unterhalb der Schienenoberkante (Foto vom Mai 1970) Reinhard Taege

Das Dreischienengleis an der Ausfahrt des Bahnhofs Barth in Richtung Stralsund. Das Normalspurgleis führt zum Hafen und zur Zuckerfabrik und war früher durch eine dritte Schiene auch für die Schmalspurfahrzeuge nutzbar Reinhard Taege

Übersicht

Der Triebfahrzeugbestand am 22. Juli 1970

Nach Umwandlung des Bw Barth in eine Einsatzstelle des Bw Stralsund bestimmten noch kurzzeitig Dampflokomotiven den Betriebspark. In einer privaten Sammlung blieben verschiedene Triebfahrzeug-Verwendungsnachweise erhalten. So ließ sich für meinen Besuchstag in Barth, den 22. Juli 1970, folgende Auflistung an Triebfahrzeugen nach der alten Nomenklatur ermitteln.

Loknummer	Verwendung
91 6283	Einsatztag
91 6480	Reserve im Heimat-Bw (nach Auswaschen am 20. und Bedarfsausbesserung am 21.07.1970
99 5611*	Reserve im Heimat-Bw
52 4908	Einsatztag
52 7136	Bedarfsunterhaltung
VT 135 033	in Erhaltung nach Schadgruppe
VT 135 039	Einsatztag
VT 135 520	Warten auf Erhaltung im Raw
VT 137 532*	in Erhaltung nach Schadgruppe
VT 137 563*	Einsatztag
V 60 1515	Einsatztag

Anmerkung: *Schmalspurfahrzeuge

Auf dem Verwendungsnachweis für Juli 1970 nicht aufgeführt sind die schmalspurigen Lokomotiven 99 5605, 99 5606, 99 5611 sowie die normalspurige Lok 38 1536, die seit ihrer Abstellung im September 1969 im Bw Barth abgestellt blieb.

Weitere Daten zu den ELNA-Dampfloks

Lok-Nr.	abgestellt	z-Park	ausgemustert	verschrottet
91 6283 (Hohenzollern/1929)	06.09.1970	15.10.1970	26.11.1970	26.03.1971
91 6480 (Vulcan/1925)	19.09.1970	15.10.1970	17.12.1970	15.06.1971 Brandenburg

Übergabedienst zum Einsatz kamen, vor allem auf der Hafenbahn. Außerdem waren die ELNA-Loks viele Jahre typisch für die Züge von Velgast nach Franzburg und Tribsees. Die bekanntesten Betriebsnummern bei diesen Maschinen waren 91 6279, 6283, 6487, 6488 und 6489, insgesamt kamen zehn Exemplare im Laufe von 20 Jahren zusammen. Recht unbekannt ist, dass Barth kurzzeitig auch ELNA-Loks der Baureihe 92^6 beheimatet hatte.

Im Sommer 1970 wechselten sich die leichtere 91 6283 und die etwas schwerere 91 6480 in den genannten Diensten ab. In der Mittagszeit fuhren die Loks planmäßig ein Personenzugpaar nach/von Velgast. Das mitzubekommen war für mich einer der Glücksfälle, denn mit Ablauf des Sommerfahrplans 1970 wurden diese beiden letzten ELNA-Maschinen abgestellt und durch Dieselloks der Baureihe 106 ersetzt. Sporadisch tauchten die 106 auch schon vorher in Barth

Im Sommerfahrplan 1970 fuhren noch zwei ELNA-Dampfloks. Danach wurden sie abgestellt

auf; im Mai 1970 wurden die ersten von ihnen in den Triebfahrzeug-Verwendungsnachweisen der Einsatzstelle Barth aufgeführt, noch unter der alten Bezeichnung als V 60. Im Juli waren dort unter anderem die nunmehrigen 106 399 und 106 402 zu sehen, bei meinem Besuch fuhr 106 515. Hauptaufgabe der 106, welche die ELNA-Loks der Baureihe 91 ablösten, waren der Zubringerdienst auf der Hafenbahn, der umfangreiche Rangierdienst und auch teilweise der Verkehr auf dem 1966 wiedererrichteten Darßbahnabschnitt von Barth nach Bresewitz, der hauptsächlich militärischen Zwecken im Zusammenhang mit einem Truppenübungsplatz bei Zingst diente.

Ein Blick in die Fahrplantabelle des Sommerfahrplans von 1970 zeigt täglich zwölf Zugpaare auf der Kursbuchstrecke 952 Velgast – Barth. Vier Zugpaare davon waren dampfbespannt – unter anderem mit den ELNA-Loks – und acht Zugpaare wurden als Triebwagenpendel gefahren. Eigens für den Einsatz auf den Nebenbahnen von Velgast nach Barth und nach Tribsees hatte die

Der Schmalspurbahnhof Barth mit dem Ausfahrtgleis in Richtung Ribnitz-Damgarten Nord/Hermannshof, auf dem im Juli 1970 noch Züge fahren. Links das Gebäude der Betriebswerkstatt der Schmalspurbahn

Zwischen den Zugverkehrszeiten wurde der Triebwagen immer im Triebwagenschuppen des Bahnhofs Barth abgestellt. Bei Dienstbeginn musste der VT deshalb jedes Mal aus dem Schuppen an den Bahnsteig rangiert werden. Der Zugführer wartet auf die Ausfahrt des Triebwagens, um die Weiche für das Bahnsteiggleis umzulegen. Bemerkenswert sind auch die großzügig dimensionierten Gleisanlagen des Schmalspurbahnhofs Barth

Zwei Strecken werden im Sommer 1970 noch in Barth im Personenverkehr betrieben: die normalspurige Verbindung von und nach Velgast (Kursbuchstrecke 952) sowie die Meterspurverbindung nach Hermannshof (Kursbuchstrecke 954)

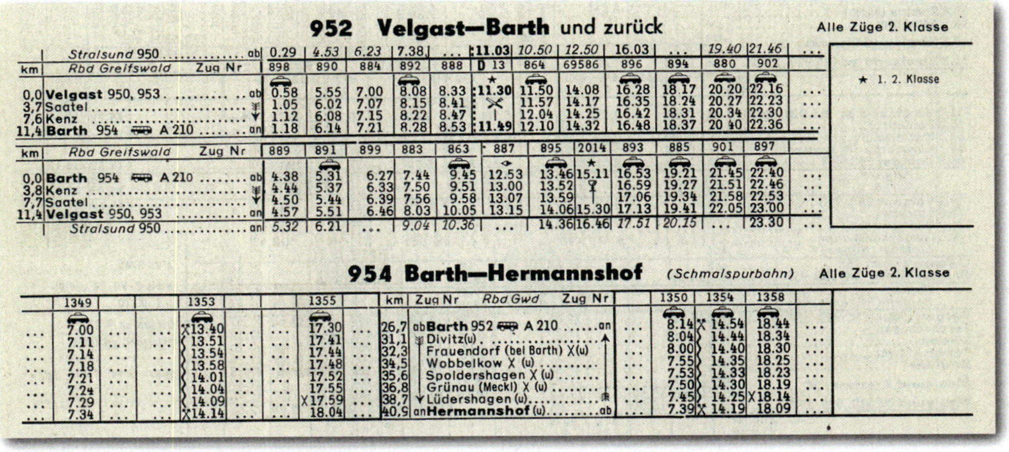

952 Velgast—Barth und zurück — Alle Züge 2. Klasse

km														
	Stralsund 950	ab	0.29	*4.53*	*6.23*	7.38	...	11.03	*10.50*	*12.50*	16.03	...	*19.40*	*21.46*	...
km	*Rbd Greifswald*	Zug Nr	898	890	884	892	888	D 13	864	69586	896	894	880	902	
0,0	**Velgast** 950, 953	ab	0.58	5.55	7.00	8.08	8.33	★ 11.30	11.50	14.08	16.28	18.17	20.20	22.16	...
3,7	Saatel		1.05	6.02	7.07	8.15	8.41		11.57	14.17	16.35	18.24	20.27	22.23	...
7,6	Kenz		1.12	6.08	7.15	8.22	8.47		12.04	14.25	16.42	18.31	20.34	22.30	...
11,4	**Barth** 954 A 210	an	1.18	6.14	7.21	8.28	8.53	11.49	12.10	14.32	16.48	18.37	20 40	22.36	...
km	*Rbd Greifswald*	Zug Nr	889	891	899	883	863	887	895	2014	893	885	901	897	
0,0	**Barth** 954 A 210	ab	4.38	5.31	6.27	7.44	9.45	12.53	13.46	★ 15.11	16.53	19.21	21.45	22.40	...
3,8	Kenz		4.44	5.37	6.33	7.50	9.51	13.00	13.52		16.59	19.27	21.51	22.46	...
7,7	Saatel		4.50	5.44	6.39	7.56	9.58	13.07	13.59		17.06	19.34	21.58	22.53	...
11,4	**Velgast** 950, 953	an	4.57	5.51	6.46	8.03	10.05	13.15	14.06	15.30	17.13	19.41	22.05	23.00	...
	Stralsund 950	an	*5.32*	6.21	...	*9.04*	*10.36*	...	14.36	16.46	*17.51*	*20.15*	...	23.30	...

★ 1. 2. Klasse

954 Barth—Hermannshof *(Schmalspurbahn)* — Alle Züge 2. Klasse

	1349			1353			1355		km	Zug Nr *Rbd Gwd* Zug Nr			1350	1354	1358	
...	7.00	...	...	X13.40	...	...	17.30	...	26,7	ab **Barth** 952 A 210	an	...	8.14	X 14.54	18.44	...
...	7.11	...	...	13.51	...	...	17.41	...	31,1	Divitz(u)		...	8.04	14.44	18.34	...
...	7.14	...	...	13.54	...	...	17.44	...	32,3	Frauendorf (bei Barth) X(u)		...	8.00	14.40	18.30	...
...	7.18	...	...	13.58	...	...	17.48	...	34,5	Wobbelkow X (u)		...	7.55	14.35	18.25	...
...	7.21	...	...	14.01	...	...	17.52	...	35,6	Spoldershagen X (u)		...	7.53	14.33	18.23	...
...	7.24	...	...	14.04	...	...	17.55	...	36,8	Grünau (Meckl) X (u)		...	7.50	14.30	18.19	...
...	7.29	...	...	14.09	...	...	X17.59	...	38,7	Lüdershagen (u)		...	7.45	14.25	X18.14	...
...	7.34	...	...	X14.14	...	...	18.04	...	40,9	an **Hermannshof** (u)	ab	...	7.39	X 14.19	18.09	...

Die Einfahrt des Streckengleises der Schmalspurbahn in den Bahnhof Barth aus Richtung Ribnitz-Damgarten Nord. Sie ist durch ein Formhauptsignal gesichert

Der nachmittägliche Zug P 1354 aus Hermannshof hat Barth erreicht. Dabei bringt der Triebwagen etliche Fahrgäste mit (Aufnahme vom 22. Juli 1970)

Nur zu Zugverkehrszeiten war das Dienstgebäude der Schmalspurbahn in Barth mit Personal besetzt. Rechts im Bild steht VT 137 563 als P 1353 zur Abfahrt nach Hermannshof bereit. Einmal mehr haben sich reichlich Fahrgäste für den Zug eingefunden

Für den Transport landwirtschaftlicher Güter verfügte die FKB ehemals über 40 zweiachsige Güterwagen. Der zuletzt noch vorhandene Gw 99-30-01 stammte aus einer Serie von zwölf Wagen, die im Jahr 1898 in Köln-Deutz für die Schmalspurbahn gebaut wurden

Im Sommer 1970 traf ich in Barth noch drei von ehemals sechs zweiachsigen Personenwagen an. Der KBp 901-321 stammte aus einer Lieferung von 1895 aus der Waggonfabrik Görlitz, hatte zwei offene Endbühnen, vier Fenster an jeder Längsseite und bot 29 Sitzplätze. Die Wagen waren mit einer Gewichtsbremse ausgerüstet

Für das Streckennetz der Barther Schmalspurbahn gab es drei zweiachsige Schneepflüge, die im Sommer 1970 alle noch vorhanden waren. Der Schneepflug 99-39-13 wurde 1901 von der Waggonfabrik Görlitz gebaut

In Kürze

Die Schmalspurstrecken via Barth

Strecke	Länge in km	Eröffnung	Einstellung Güter- /Personenverkehr
Stralsund Ost – Barth	29,23	04.05.1895	30.11.1968* / 30.11.1968*
Altenpleen – Klausdorf	9,42	04.05.1895	30.11.1968 / 30.11.1968
Ribnitz-Damgarten – Hermannshof	13,50	04.05.1895	29.05.1965 / 29.05.1965
Barth – Hermannshof	14,20	04.05.1895	31.05.1969 / 04.01.1971

* seit 16.06.1961 nur bis Stralsund Stadtwald

Reichsbahn in Barth und Stralsund seit den 1960er-Jahren Vorkriegstriebwagen der Baureihe VT 135 stationiert. Anfang 1970 standen dem Bw Stralsund noch drei solche Triebwagen zur Verfügung, die ab 1. Juni 1970 EDV-gerechte Bezeichnungen erhielten. Aus dem VT 135 033 (MAN/1935) wurde neu 186 001-4, aus VT 135 039 (MAN/1935) nun 186 002-2 und aus VT 135 520 (ehemals ein Privatbahn-Triebwagen) fortan 186 014-7.

Im April 1969 hatte die DR probeweise einen Neubautriebwagen VT 2.09/VS 2.08 (Leichtverbrennungstriebwagen – LVT) zwischen Barth, Velgast und Tribsees eingesetzt. Danach griff sie aber wieder auf die Altbautriebwagen zurück. Einer dieser „Oldtimer", VT 135 039, fuhr auch im Sommer 1970 bei meinem Besuch. Zwar gingen dem Bahnbetriebswerk Stralsund 1970 immerhin sieben LVT (jetzt als Baureihe 172 bezeichnet) zu, im Barther Raum wurden dennoch bevorzugt die Altbaufahrzeuge verwendet. Die Triebwagenumläufe waren damals getrennt, es fuhr jeweils eine Einheit auf der Strecke Velgast – Barth und eine auf der Strecke Velgast – Tribsees.

Darüber hinaus konnte man im Sommer 1970 in Barth etwas von der jüngeren Vergangenheit des Bahnbetriebs mitbekommen, und zwar in Gestalt der abgestellten 38 1536, einer preußischen P 8. Die Zuteilung der Baureihe 38 nach Barth zu Anfang der 1960er-Jahre hatte ihre Ursache im Saisonverkehr zu den Ostseebädern und dem zunehmenden Verschleiß der zuvor eingesetzten Tenderloks der Baureihe 78.

Die bekanntesten Barther P 8 sind die 38 1857, 3244 und 3488, recht lange gehörte die 38 1822 zum dortigen Bestand. Die erwähnte 38 1536 war die letzte Barther 38er und bereits seit dem 23. September 1969 abgestellt. Die Ausmusterung folgte zum 20. April 1970. Die Leistungen gingen auf Lokomotiven der Baureihe 52 über.

Die beiden dieselelektrischen Triebwagen französischer Herkunft waren sehr zuverlässig und bewältigten die Hauptlast des Reiseverkehrs auf den Strecken der ehemaligen FKB. Am Barther Triebwagenschuppen begegnen sich VT 137 563 und 562 (r.)

Übersicht

Schmalspurfahrzeuge in Barth am 22. Juli 1970

1. Lokomotiven:
99 5605, 5606 und 5611 (beide Lenz-Typ „i")

2. Trieb- und Beiwagen (alte Nomenklatur):
VT 137 532 Bauart Dessau im Raw
VT 137 562 Bauart Brissonneau et Lotz (ausgemustert)
VT 137 563 Bauart Brissonneau et Lotz
VB 147 561 Bauart Brissonneau et Lotz
VB 147 562 Bauart Dessau

3. Personen-und Gepäckwagen:
Kbp 901-311,-312,-321
KPwPost 905-101

4. Güterwagen
Gattung Ow: 99-31-38,-51,-52,-54,-59,-61,-67,-68,-69,-70,-74,-76,-80, -81,-82,-91,-92,-93,-95
99-32-05,-07,-09,-11,-12,-14,-19,-21,-22,-27,-28,-36,-37, -39,-40,-43,-44,-45,-47,-48,-50,-51,-55,-57,-60,-67,-72, -73,-77,-81
Gattung OOw: 99-33-51,-52,-55
Gattung Gw: 99-30-01,-20,-35,-37,-54,-55
Bahndienstwagen:
Gw ohne Nummer, Bm Barth
OOw ohne Nummer, Bm Barth
Ow 99-31-64, Bm Barth
Ow 99-32-20, Bm Barth
Ow 99-32-43, Bm Barth
OO 99-39-21, Bm Barth
GG 99-39-01, Gerätewagen Barth
GG 99-39-02 , Gerätewagen Barth
Ow 99-39-11, Schneepflug
Ow 99-39-12, Schneepflug
Ow 99-39-13, Schneepflug

Für Rückbauarbeiten im schmalspurigen Bereich des Bahnhofs Barth stand zwischen 1968 und 1970 noch die Lokomotive 99 5611 betriebsfähig zur Verfügung. Sie war im Sommer 1970 mit ihren kleineren Schwestern 99 5605 und 99 5606 im Barther Lokschuppen abgestellt.

Betrieb im Sommer 1970: Schmalspur

Der 1895 errichtete Schmalspurteil des Bahnhofs Barth konnte im Sommer 1970 bereits auf eine Betriebszeit von 75 Jahren zurückblicken. Es sollte aber auch der letzte Fahrplanabschnitt sein, bei dem auf der 14,2 Kilometer langen Reststrecke nach Hermannshof noch Personenverkehr mit Triebwagen durchgeführt wurde.

Noch ehe die Schmalspurbahn-Liebhaberei um sich griff, hatte die Deutsche Reichsbahn den Großteil des Streckennetzes der ehemaligen FKB zum 30. November 1968 stillgelegt. Die letzten Fahrten absolvierten 99 5611 von Klausdorf und VT 137 563 von Stralsund-Stadtwald nach Barth.

Bis kurz nach dem Jahreswechsel 1970/71 wurde der Damgartener Restast von Barth bis zum westlich gelegenen Hermannshof im Reiseverkehr noch betrieben. Dazu setzte die Deutsche Reichsbahn im Wechsel zwei Schmalspur-Triebwagen ein, täglich wurde dreimal gependelt. Die Züge dienten in erster Linie der Beförderung von Schulkindern, aber auch Einkaufsfahrten der Landbevölkerung nach Barth hatten wegen der günstigen Verkehrszeiten eine gewisse Bedeutung. Der VT 137 532, jetzt als 187 101 bezeichnet, machte am 3. Januar 1971 die letzte Fahrt auf der Reststrecke. Damit war das Netz der ehemaligen FKB endgültig ohne Verkehr.

Im Sommer 1970, zwei Jahre nach der Betriebseinstellung des überwiegenden Teils des Streckennetzes, war für mich bereits unschwer zu erkennen, dass auch der Restbetrieb nicht mehr lange aufrechterhalten werden würde. Von Unkraut überwucherte Gleisanlagen, ungepflegt wirkende Stationen und ein dem Verfall preisgegebener Wagenpark im Bahnhof Barth vermittelten alles andere als Schmalspurromantik. Immerhin hatte es der Wagenpark in sich. Ich notierte eifrig die vorhandenen Fahrzeuge und konnte somit den Bestand zum Stichtag 22. Juli 1970 erfassen (siehe Kasten oben).

Blick auf das Gleisvorfeld am Lokschuppen im Schmalspurbahnhof Barth. Bemerkenswert sind die Anzeige sowie die Stelleinrichtung der Schmalspur-Handweichen

Blick von den Wagen des Abbauzuges auf den Triebwagenschuppen rechts. Dort sind im Juli 1970 die Fahrzeuge VB 147 562 und VT 137 562 abgestellt

Die Betriebswerkstatt der Schmalspurbahn, wie sie sich am 22. Juli 1970 dem Betrachter darstellte. Rechts davor die um 1950 neu gebaute Überladerampe für Schmalspurfahrzeuge

Die folgenden Jahre

Nach dem Ende der Dampflokzeit in Barth wurde 1971 die Drehscheibe ausgebaut und durch eine Weiche ersetzt. Im Bereich vor dem Lokschuppen entstand eine Tankstelle für Dieselkraftstoff mit einem Fassungsvermögen von 64.000 Litern, die im August 1995 wieder zurückgebaut wurde. Als Zwischenlösung hatte es nach einem Umbau von 1969 an auch die Möglichkeit gegeben, von der Tankstelle des Schmalspurbahnhofs aus Normalspur-Dieselloks und -Triebwagen zu betanken.

Bis immerhin 1975 hielt sich der bisher nicht genannte 186 005 (ex VT 135 063) im Plandienst. Der normalspurige Triebwagen erlebte als Werkstattwagen in Stralsund sogar noch die politische Wende und wurde erst 1991 zerlegt.

Viele der für 1970 aufgeführten Fahrzeuge blieben erhalten, darunter alle drei damals vorhandenen Schmalspur-Dampfloks (99 5605, 5606, 5611) und ein Dessauer Triebwagen. Die bekannteste Fahrzeugsammlung, obendrein betriebsfähig, präsentiert die Museumseisenbahn im niedersächsischen Bruchhausen-Vilsen.

Der Autor dankt den Eisenbahnfreunden Achim Rickelt aus Bergen und Mathias Gottschewsky aus Greifswald für die sachdienlichen Hinweise zu diesem Beitrag.

Frankenwaldbahn nach dem Zweiten Weltkrieg

Eine ehemalige Magistrale

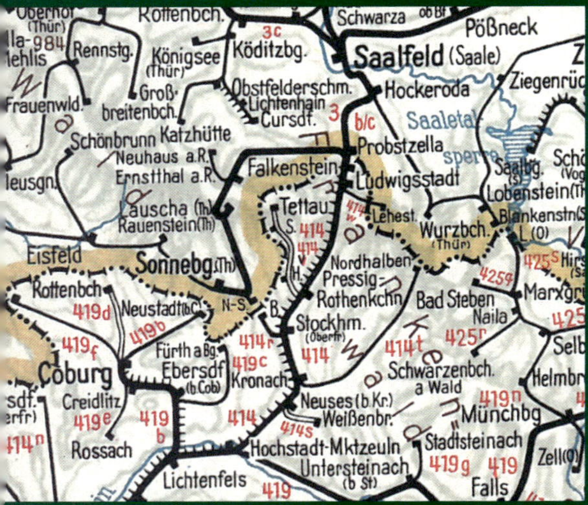

Die Frankenwaldbahn samt den abzweigenden Strecken auf der DB-Kursbuchkarte vom Winter 1957/58. In der engeren Betrachtung bezeichnet der Name die Hauptbahn vom Abzweigbahnhof Hochstadt-Marktzeuln bis Kaulsdorf (nördlich von Probstzella). In diesem Heft wird der Begriff weiter gefasst und die Frankenwaldbahn als Abschnitt zwischen den Bahnknoten Lichtenfels und Saalfeld verstanden Slg. Rothzoll

Am 26. Januar 1955 stehen in Ludwigsstadt die Ellok E 44 154w (= mit elektrischer Widerstandsbremse) mit einem Personenzug und der Elektrotriebzug ET 32 302b. Die deutsche Teilung hat dem kleinen Unterwegsbahnhof zu ungewollter Wichtigkeit verholfen: Nun ist er Grenzbahnhof der Bundesbahn kurz vor dem Gebiet der Reichsbahn und der DDR Slg. DB Museum Nürnberg

An der Frankenwaldbahn gibt es verschiedene Nebenbahnen mit interessantem Betriebsgeschehen. Auf der Strecke von Stockheim nach Burggrub fahren Kleinloks mit Triebwagen-Beiwagen (Foto vom 13. Januar 1968). 1972 stellt die DB dort den Personenverkehr ein Norbert Kempf

Vor 1945 war die Frankenwaldbahn eine der bedeutendsten Verkehrsadern im deutschen Streckennetz, eine Etappe der Fernverbindung Berlin – München. Das Kriegsende und die deutsche Teilung bescheren der Strecke für lange Zeit ein Schattendasein. Eindrücke aus den Jahren 1949 bis 1968

Reichlich zu tun hat das Bundesbahn-Schneeräumkommando im Februar 1953 im Bahnhof Steinbach am Wald. Mit 594,54 Metern über Normalnull befindet sich hier der Scheitelpunkt der Frankenwaldbahn Slg. DB Museum Nürnberg

Als Reparation für die UdSSR wurde 1946 das zweite Gleis der Strecke auf Thüringer Seite abgebaut und auch die Oberleitung demontiert. Am 30. Juni 1968 hat eine 95 mit einem Personenzug Saalfeld verlassen und fährt an der Felswand „Bohlen" vorbei Richtung Probstzella Mag. Pharm. Alfred Luft

Auch in Bayern wird das zweite Gleis der Frankenwaldbahn teilweise entfernt. Im März 1959 hat E 52 16 einen Personenzug zum Haltepunkt Falkenstein gebracht. Als Sperrfahrt schiebt die Ellok die Rückleistung P 4190 nun nach Ludwigsstadt, um dort um den Zug umzusetzen Dr. Rolf Brüning

Der Haltepunkt Falkenstein liegt auf westlicher Seite und ab 1945 unmittelbar an der Zonen- bzw. später innerdeutschen Grenze. 1949 besitzt er eine Wechselstube, zu Fuß kommt man nach Probstzella. Ein Schild am Gleis weist auf den früheren Ruhm der Strecke hin Archiv Siegfried Scheidig

Elloks der Vorkriegszeit dominieren lange Zeit den Betriebsdienst auf der DB-Seite. Mit E 4032 nach Nürnberg hat eine E 18 am 3. März 1959 den Bahnhof Ludwigsstadt verlassen und überquert auf dem Trogenbachviadukt den Ort. Es geht bergwärts Richtung Steinbach am Wald Dr. Rolf Brüning

E 91 07, E 94 182, E 91 01 und 03 warten im Bahnbetriebswerk Pressig-Rothenkirchen am 2. März 1959 auf neue Aufgaben. Unter anderem setzen hier auch die Schiebeloks für die nordwärts fahrenden Züge an; in Gegenrichtung beginnt der Schiebebetrieb in Probstzella Dr. Rolf Brüning

Mit dem Volumen vor 1945 kann sich das Verkehrsaufkommen zu Zeiten der deutschen Teilung nicht messen (Foto: E 94 262 mit Güterzug nach Probstzella bei Falkenstein, 28. Mai 1960). Immerhin ist die Frankenwaldbahn aber die einzige elektrifizierte deutsch-deutsche Strecke H. Röth/Eb-Stiftg.

Am 30. Juni 1968 fährt 22 052 mit D 37 nach Berlin aus Saalfeld aus. 1942 war dieser Bahnknoten bereits elektrifiziert, doch wurde die Fahrleitung nach 1945 demontiert. 1950 elektrifizierte man lediglich den Abschnitt Falkenstein – Probstzella neu; so blieb es bis in die 1990er-Jahre Harald Navé/Slg. Mag. Pharm. Alfred Luft

Im Oktober 1977 passiert 194 575 mit einem Güterzug den Bahnhof Förtschendorf. Noch besitzt die Station Formsignale, Stellwerke und ein Empfangsgebäude – mit der Modernisierung zwei Jahre später werden diese Anlagen verschwinden und diverse Gleise zurückgebaut Georg Wagner

Die Entwicklung 1945-95

Mit Höhen und Tiefen

Mit dem Ende des Zweiten Weltkriegs begann für die Frankenwaldbahn eine wechselhafte Zeit. Doch das Blatt sollte sich wieder wenden – und manchmal konnte man auch in den Jahren der deutschen Teilung an Strecke und Betrieb Reizvolles entdecken *Von Ulrich Rockelmann/Christian Gloël/GM*

Im Frühjahr 1945 spitzte sich die Lage im Frankenwald zu. Ein Leutnant und zwei Unteroffiziere der deutschen Wehrmacht sprachen am 11. April bei Ludwigsstadts Bürgermeister Heyder vor und informierten über ihren Auftrag, alle Brücken zwischen Probstzella und Stockheim zu sprengen. Das Vorhaben sollte die vorrückenden Alliierten aufhalten, hätte aber bei der Trogenbachbrücke verheerende Folgen gehabt – unter der Brücke stehen Wohnhäuser! Mit der Trogenbachbrücke wollten die Militärs auch beginnen, doch Heyder gelang es, sie umzustimmen. Die Sprengaktion begann mit einer Straßenbrücke bei Rothenkirchen, rund 15 Kilometer entfernt, und weil sich die Verbände dabei selbst den Weg zurück nach Ludwigsstadt versperrt hatten, mussten sie einen Umweg nehmen. Der führte geradewegs in Kämpfe mit US-Truppen, eine Fortsetzung der Sprengungen unterblieb. Als Vertreter von Ludwigsstadt ihre Stadt am 13. April 1945 an die Amerikaner übergaben, waren die Eisenbahnbrücken in diesem Bereich der Frankenwaldbahn unversehrt.

An anderen Stellen der Strecke sowie in Saalfeld hatten die teils erbitterten Kämpfe der letzten Kriegstage die Bahnanlagen dagegen schwer in Mitleidenschaft gezogen. Am 9. April 1945 wurde der Bahnbetrieb in Saalfeld eingestellt. Am 13. April 1945 kam auch der Betrieb zwischen Hochstadt-Marktzeuln und Ludwigsstadt zum Erliegen.

Betriebsbeginn und Rückschläge

Dennoch: Die überwiegend intakten Brücken waren ein Grund dafür, dass der Bahnverkehr auf der Frankenwaldbahn schon wenige Wochen nach Kriegsende wieder anrollte. Am 17. Mai 1945 fuhren erste, noch

Vorgeschichte

Frankenwaldbahn 1885-1945

Die wichtigsten Daten dieses Zeitraums

1. Oktober 1885: Eröffnung des letzten Streckenabschnitts Eichicht – Stockheim; Betreiber: Thüringer Eisenbahnges., ab 1895: Preuß. Staatsbahnen; Königl. Bayer. Staatseisenb.
1886: erste Direktverbindung Berlin – München (Eilzug; ab 1897 Schnellzugverbindung)
1905: Die Strecke ist durchgehend zweigleisig.
1. April 1920: Übergang des Betriebs auf die Deutsche Reichsbahn
1936–39: Einsatz von Schnelltriebwagen (SVT) Berlin – München/– Stuttgart
15. Mai 1939: Eröffnung des elektrischen Betriebs Lichtenfels – Saalfeld

dampflokgeführte Züge zwischen Pressig-Rothenkirchen und Kronach bzw. Förtschendorf und Probstzella. Ungefähr ab Juni waren auch Züge von Küps bis Probstzella möglich. Anfang Juli 1945 zogen sich die Amerikaner vertragsgemäß aus Thüringen zurück und überließen das Areal sowjetischen Truppen; die Frankenwaldbahn wurde am Falkenstein durch die neue Grenze vorläufig unterbrochen. Die 1,33 Kilometer Strecke von dort zum südlichen Einfahrsignal des Bahnhofs Probstzella gingen von der Reichsbahndirektion (RBD) Nürnberg auf die Direktion Erfurt über.

Bis 8. Oktober 1945 waren die zerstörten Flussbrücken bei Hochstadt (Main) und Unterlangenstadt (Rodach) behelfsmäßig wiederaufgebaut – damit konnte der gesamte oberfränkische Teil der Bahnlinie befahren werden. Einen Monat später nahm dann die RBD Nürnberg den elektrischen Betrieb Lichtenfels – Ludwigsstadt wieder auf. Ob auch ein grenzüberschreitender elektrischer Fahrbetrieb über die Grenze weiter hinein nach Thüringen bestanden hat – zwischen Probstzella und Eichicht (Kaulsdorf) konnten ab 14. Januar 1946 wieder Elloks

Im März 1946 begann der Abbau der elektrischen Anlagen auf der thüringischen Seite der Strecke

verkehren –, ist nicht eindeutig zu klären. Schon im März 1946 wurde jedenfalls mit dem weitgehenden Abbau der elektrischen Anlagen in der sowjetischen Besatzungszone als Reparationsleistung für die UdSSR begonnen. Spätestens ab 29. März 1946 war der Bahnhof Probstzella nicht mehr elektrisch von Falkenstein aus zu erreichen.

Im Januar 1977 fährt 119 001 mit D 303 Berlin – München bei Lauenstein bergwärts. Auf den Oberleitungsmasten des abgebauten zweiten Gleises wird eine Speiseleitung geführt, durch die Strom vom Unterwerk Steinbach für die Versorgung des Steigungsstücks fließt Burkhard Wollny/Eb.-Stiftg.

Im Oktober 1979 bespannt 01 0522 den D 402 Nürnberg – Leipzig und trifft gleich in Saalfeld ein. Vorne links, flankiert von zwei Randsteinen an der Fernstraße, steht noch der Stumpf eines der nach 1945 demontierten Oberleitungsmasten Joachim Schmidt/Bildarchiv der Eisenbahnstiftung

Die späten 1940er-Jahre

Im Bereich der amerikanischen Zone fuhr die Reichsbahn (West) Personenzüge nach Ludwigsstadt, ab Sommer 1946 auch nach Lauenstein, wobei dort wegen fehlender Umsetz- bzw. Gleiswechselmöglichkeit die Züge stets in einer Richtung geschoben werden mussten. Am 17. April 1947 sprachen Vertreter der Reichsbahndirektionen Nürnberg und Erfurt in Falkenstein über die Einführung eines Transit-Güterverkehrs von Probstzella über Ludwigsstadt (ohne Verkehrshalt) nach Lehesten, und am 17. Juni 1947 fuhr der erste von einer Lok der Baureihe 86 geführte Zug. Die amerikanische Militärbehörde gestattete stillschweigend die Mitnahme von Lehestener Schieferbrucharbeitern in jenen Güterzügen.

Doch hatte die Reichsbahn (West) am 3. Juni 1947 auch den Abbau des zweiten Streckengleises zwischen Ludwigsstadt und Falkenstein beschlossen, wenig später begann die Demontage des Gleises in Fahrtrichtung Ludwigsstadt. Große Teile weiter südlich sollten bald das gleiche Schicksal erfahren, nur der Rampenabschnitt Förtschendorf – Steinbach – Ludwigsstadt blieb davon verschont. Der Rückbau wurde in den Jahren 1947 bis 1949 vorgenommen, wobei das Schienenmaterial unter anderem bei der Wiederherstellung des Nürnberger Rangierbahnhofs Verwendung fand. Bis nach der Grenzöffnung 1989 blieben im DB-Bereich die Abschnitte Hochstadt-Marktzeuln – Förtschendorf und Ludwigsstadt – Falkenstein eingleisig.

Seit 16. September 1947 fuhren wieder planmäßig Durchgangsgüterzüge über die Grenze, wobei zunächst Ludwigsstadt mit seinen relativ bescheidenen Gleisanlagen als Übergabebahnhof fungierte. Abhilfe, darüber waren sich die Direktionen Nürnberg und Erfurt einig, hätte hier die Verlagerung nach Probstzella nebst Wiederelektrifizierung des kurzen Grenzabschnitts Falkenstein – Probstzella geschaffen. Doch dann legte im Mai 1948 die Berlin-Blockade erst einmal alle Pläne auf Eis. Nur die Transitgüterzüge Probstzella – Lehesten passierten weiterhin die Grenze. Kuriosität am Rande: Auch der Straßen-Grenzübergang am Falkenstein blieb geöffnet!

Erst nach dem Ende der Berlin-Blockade am 12. Mai 1949 konnte der reguläre Zugbetrieb mit drei Güterzugpaaren zwischen Ludwigsstadt und Probstzella beginnen. Der Personenverkehr über die Grenze wurde am 10./11. September 1949 mit dem nächtlichen FD-Zugpaar 149/150 Berlin – München aufgenommen. Damit hatten die

Im Juli 1982 hält D 303 Berlin – München in Lichtenfels, die Grenzpolizisten sind ausgestiegen. Links entsteht das neue Stellwerk

In Hochstadt-Marktzeuln trennen sich die Frankenwaldbahn und die Strecke nach Hof; hier mit 144 116 im Nahverkehr, Juni 1980 Jürgen Hörstel, Slg. THD (l.)

Reichsbahn der sowjetischen Besatzungszone und die wenige Tage zuvor geschaffene Bundesbahn auf der Magistrale den „Interzonenverkehr“ aufgenommen, die Zahl der Züge zwischen Ost und West blieb indes lange Zeit gering (siehe S. 40-48).

Fahrdraht und Absperrungen

Aber auch unter diesen Umständen war die Wiederelektrifizierung des Streckenteils Falkenstein – Probstzella dringend gewünscht. Die Nürnberger Direktion stellte der Direktion Erfurt die notwendigen Materialien zur Verfügung, die Deutsche Reichsbahn in der DDR trug die übrigen Kosten. Die Montagearbeiten waren am 11. Januar 1950 beendet, die reguläre Betriebsaufnahme folgte einige Monate später. Am 12. Juni 1950 verließ der elektrisch bespannte Güterzug 8062 um 11:45 Uhr den Bahnhof Ludwigsstadt und traf pünktlich um 12:01 Uhr in Probstzella ein. Damit war (und blieb) die Frankenwaldbahn die einzige elektrifizierte innerdeutsche Verbindung. Das Prozedere sah so aus, dass die Elloks die Züge bis bzw. ab Probstzella bespannten und nördlich davon Dampf-, später Dieselloks die Leistung übernahmen. Eine Fortsetzung der Elektrifizierung stand nicht zur Debatte. Den Wegfall des in der DDR gelegenen Kraftwerks Muldenstein als Stromlieferanten kompensierte man ab 1951 unter anderem durch das Dampfkraftwerk Penzberg.

Dem Bahnhof Ludwigsstadt erwuchsen bei der neu entstandenen innerdeutschen Verbindung Aufgaben eines Grenzbahnhofs. Neben Diensträumen der Grenzpolizei wurde dort ein Kiosk für Erfrischungen und kleine Speisen eröffnet, außerdem eine Filiale der Deutschen Verkehrs- und Kreditbank zum etwaigen Geldwechsel. 1953 zog die Bahnhofsmission ein: ab Januar provisorisch in einem Wagenkasten, ab Dezember in einer aufgearbeiteten Baracke. Ein zeitgemäßer Neubau folgte in den 1970ern.

Bahnbetrieb ab den 1950er-Jahren

Die verschärften Maßnahmen zur Sicherung der Staatsgrenze der DDR führten dazu, dass ab 12. Juli 1951 der Korridorverkehr zwischen Probstzella und Lehesten über Ludwigsstadt eingestellt wurde. Die Schließung des Straßenübergangs am Falkenstein im Herbst 1951 sorgte dafür, dass der Verkehrsbedarf dort stark zurückging. Entsprechend reduzierte die Bundesbahn die Züge nach Falkenstein, behielt aber zunächst ein gutes Fahrtenangebot zwischen Ludwigsstadt und Lauenstein bei. Weil es weder in Lauenstein noch am Falkenstein Umsetzmöglichkeiten gab, mussten lokbespannte Züge jeweils als Sperrfahrten nach Ludwigsstadt zurückkehren. Am 30. Mai 1965 legte die DB schließlich die Haltepunkte Lauenstein und Falkenstein für den Schienenverkehr still; der Regionalverkehr aus Süden wendete fortan in Ludwigsstadt.

In der Folge erlebte der Personenverkehr auf der Frankenwaldbahn durchaus wechselhafte Zeiten (siehe S. 40-48). Der Güterverkehr über die innerdeutsche Grenze konnte sich halten. Auf DB-Seite ging der – ohnehin bescheidene – Zulauf aus den abzweigenden Nebenbahnen auf die Hauptstrecke mit den Jahren zurück.

Während bei der Reichsbahn noch lange Zeit die Dampflok dominierte (siehe Kasten S. 27), griff die Bundesbahn vor allem auf Elektrolokomotiven der Vorkriegszeit zurück. Auch, als ab den späten 1950ern die Einheits-Elloks ausgeliefert wurden, blieb die Frankenwaldbahn eine Domäne der Altbau-Elloks – vielleicht ein Zeichen dafür, dass die Strecke nicht die oberste Priorität hatte. Zur Freude der Eisenbahnfreunde fuhren bis in die 1970er-Jahre Schnellzüge mit Vorkriegsmaschinen, im Nah- und Güterverkehr sogar bis in die 1980er-Jahre.

Infrastruktur nach 1960

Die mit dem Mauerbau nochmals verstärkte Abschottung an der Grenze der DDR zur Bundesrepublik wirkte sich auch im Raum Probstzella/Ludwigsstadt aus. Insbesondere wurde der Bahnhof Probstzella nun als Grenzbahnhof mit noch mehr Absperrungen versehen (siehe S. 36-39). Eine Umgehungskurve schloss die Strecke aus Saalfeld direkt an die Strecke nach Sonneberg an, sodass die Personenzüge dieser Relation den Grenzbahnhof nicht mehr anfuhren.

Die Bundesbahn ging im Laufe der 1960er-Jahre Rationalisierungen und Modernisierungen an. Nacheinander wurde die Signaltechnik in fast allen Bahnhöfen modernisiert, sodass an etlichen Orten Lichtsignale und Drucktastanlagen die Formsignale und mechanischen Stellwerke ersetzten (siehe Kasten). Besonders einschneidend waren die Maßnahmen in Neuses bei Kronach, das zu einer Haltestelle herabgestuft wurde, sowie Förtschendorf und Stockheim, bei denen mit der Umstellung die Gleispläne erheblich vereinfacht wurden. Beide Stationen verloren ihre Empfangsgebäude. Ab Anfang der 1980er-Jahre besaß lediglich der Bahnhof Kronach noch Formsignale; die stattlichen Signalensembles dort sollten bis 1995 bestehen bleiben.

Auch das Bahnbetriebswerk von Pressig-Rothenkirchen erlebte zu Bundesbahn-Zeiten einen Niedergang. Nach Normalisierung der allgemeinen Wirtschafts- und Verkehrssituation beheimatete es einige Tenderdampfloks, vor allem für die Nebenbahnen nach Nordhalben und Weißenbrunn, sowie diverse Elloks, die meist für Güterzüge zwischen Pressig und Probstzel-

Stichwort

Umstellung der Signaltechnik

Angegeben sind die Bahnhöfe der DB an der Frankenwaldbahn in Nord-Süd-Richtung mit dem Jahr der Inbetriebnahme von Drucktastenstellwerk und Lichtsignalen (anstelle der mechanischen Stellwerke und Formsignale)

Ludwigsstadt	1968*
Steinbach am Wald	1968
Förtschendorf	1979
Pressig-Rothenkirchen	1977
Stockheim (Oberfr)	1979
Kronach	1995
Neuses bei Kronach	1968**
Küps	1966
Hochstadt-Marktzeuln	1968
Lichtenfels	1983

*mit dem 850. Gleisbildstellwerk der Bundesbahn; **Bahnhof aufgelöst, nur noch Haltepunkt

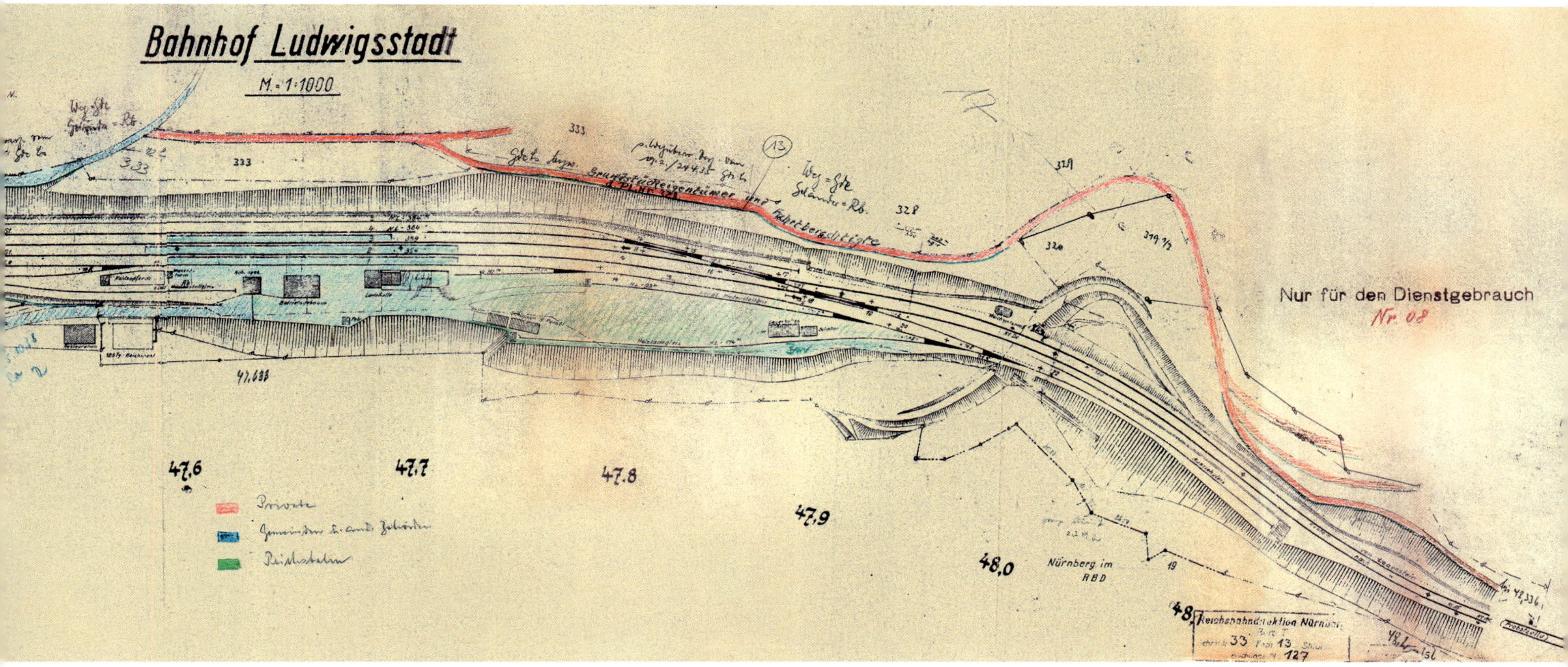

Stichwort

Gleisplan Ludwigsstadt

Der oben abgebildete Gleisplan des Bahnhofs Ludwigsstadt stammt aus dem Jahr 1935, kann aber für die in diesem Heft beschriebene Zeit 1945-95 als Grundlage dienen, da die Anlagen nach 1945 nicht groß verändert wurden. Wie zuvor verfügte der Bahnhof über fünf Durchfahrgleise, einige Abstellgleise, zwei Stellwerke. Das am Nordkopf des Trogenbachviaduktes eingezeichnete Stellwerk 1 wurde nach der Inbetriebnahme des Drucktasten-Stellwerks 1968 abgebrochen. Der Gleisbildplan des neuen Stellwerks, Stand 1979, dokumentiert die lediglich geringen Veränderungen in den Gleisanlagen (u.). Erst mit dem Ausbau der Frankenwaldbahn 1992/93 nahm die DB größere Modifikationen vor: So wurde die Zahl der Durchfahrgleise von fünf auf drei reduziert.

Die Dienstwohnhäuser, das Betriebsgebäude, der anschließende Güterschuppen, die gegenüberliegenden Gebäude der Post und der Bahnhofsrestauration sowie das Wärterstellwerk an der nördlichen Ausfahrt stehen noch heute. Abgebrochen wurden hingegen in den 1960er-Jahren der Wasserturm und das Nebengebäude. An deren Stelle wurde 1974 das Haus der Bahnhofsmission errichtet. Zwischen 1953 und 1974 befanden sich neben dem Betriebsgebäude in südlicher Richtung eine Wechselstube, ein Kiosk und die Holzbaracke der Bahnhofsmission.

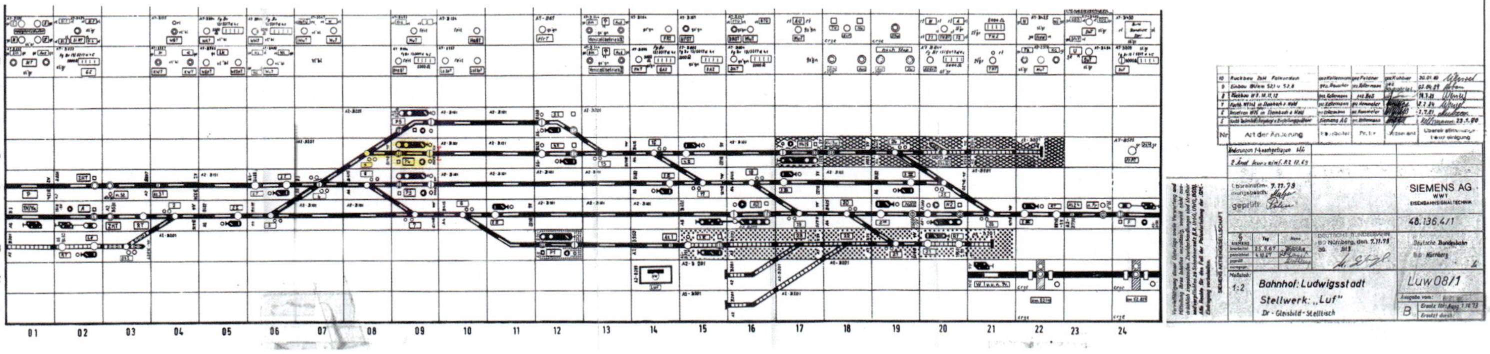

Slg. Marius Sinkel (2, auch Plan o.)

um einen Zug. Und so kam es zu der Rolle als Grenzbahnhof der Frankenwaldbahn in der US-Zone bzw. Bundesrepublik.

Über und an die Grenze

Erste und zunächst auch einzige Züge, die den Grenzbahnhof Ludwigsstadt nach der Einrichtung der Demarkationslinie Anfang Juli 1945 passieren durften, waren ab 17. Juni 1947 die Korridorzüge von Probstzella zum größten Schieferbruch Deutschlands in Lehesten. Sogar die Mitfahrt von Beschäftigten der Schieferbrüche in den Korridorzügen wurde toleriert. Erst nach dem Ende der Berlin-Blockade am 12. Mai 1949 konnte der reguläre Zugbetrieb über die Zonengrenze mit drei Güterzugpaaren zwischen Ludwigsstadt und Probstzella starten. Der innerdeutsche Personenverkehr wurde mit dem FD-Zugpaar 149/150 Berlin – München in der Nacht vom 10. auf den 11. September 1949 aufgenommen, und zwar mit Halt in Ludwigsstadt. Zu den Zügen über die Grenze gesellten sich jene, die in Ludwigsstadt endeten oder welche die Reichsbahn (West) bzw. die Bundesbahn über Ludwigsstadt hinaus bis kurz vor die Grenze führten. Während der Streckensperrung zwischen Thüringen und Bayern nach 1945 hatte Ludwigsstadt als Endpunkt der aus dem Süden kommenden Züge fungiert – diese Aufgabe behielt der Bahnhof auch in der Folge. Als Notlösung wurden ab 1947 einzelne Züge zum Haltepunkt Lauenstein und ab 1948 zum Haltepunkt Falkenstein unmittelbar an der Demarkationslinie ver-

Von September 1949 an fuhren innerdeutsche Schnellzüge. Sie hielten jeweils in Ludwigsstadt

längert. Sie kamen anschließend geschoben zurück, denn betrieblich behandeln konnte man sie erst wieder in Ludwigsstadt.

Die Gleisanlagen des Bahnhofs reichten für diese Zwecke aus – auch, weil keine Lokwechsel oder Ähnliches anstanden. Die Schiebeloks, die von Probstzella aus die Züge bergwärts drückten, hatten in Ludwigsstadt erst einen Teil der Höhe geschafft.

Gleich aus dem Bahnhof hinaus begann auf der mächtigen Trogenbachbrücke, die den Ort Ludwigsstadt überspannt, die nächste Steigungsetappe Richtung Steinbach am Wald. Und in umgekehrter Richtung, bei der Talfahrt, blieben die Schiebeloks bis Probstzella am Zug, um dort eventuelle Gegenleistungen übernehmen zu können. Ergo behielt die Bundesbahn den Gleisplan des Bahnhofs, wie er beispielsweise schon 1935 bestanden hatte, bei: fünf Durchfahrgleise (drei mit Bahnsteig) und einige Abstellgleise, gesteuert durch zwei Stellwerke. Bis in die 1960er-Jahre verfügte der Bahnhof noch über einen Wasserturm zur Versorgung der Dampflokomotiven.

Die vorhandenen Gleisanlagen in Ludwigsstadt reichten auch für die Aufgabe als Grenzbahnhof aus

Während der Teilung und danach

Die verschärften Maßnahmen zur Sicherung der Staatsgrenze der DDR führten dazu, dass ab 12. Juli 1951 der Korridorverkehr zwischen Probstzella – Ludwigsstadt und Lehesten eingestellt wurde. 1952 wurden Übergänge geschlossen, Bahnlinien unterbrochen und der Verkehr eingestellt. Ludwigsstadt als Grenzbahnhof blieb bestehen; einer der wenigen privilegierten Bahnhöfe, über die weiter Ost-West-Bahnverkehr lief.

Dafür erhielt er mit der Zeit Serviceeinrichtungen, wie man sie sonst eher von Großstadtbahnhöfen kennt: eine Polizeistation, eine Wechselstube in einem Nebengebäude des Bahnhofs und eine Bahnhofsmission in einer Holzbaracke (siehe auch Kasten). Bei der Infrastruktur legte die Bundesbahn noch nach: Am 5. November 1968 wurde im Bahnhof Ludwigsstadt ein Drucktastenstellwerk des Typs Sp Dr S60 in Betrieb genommen. Die Formsignale und die mechanischen Stellwerke hatten ausgedient. Während das südliche Stellwerk, direkt an der Trogenbachbrücke, abgebrochen wurde, kam das Nordstellwerk in Privatbesitz und blieb erhalten.

Die Eisenbahner wie die anderen Beamten und Angestellten in Ludwigsstadt arbeiteten sich in ihre Rolle ein. Es entstand eine grenznahe Routine, die über Jahrzehnte bleiben sollte – wie die Ankündigung „Ludwigsstadt" für die Reisenden. Nebenbei übrigens erfüllte der Bahnhof auch regionale

Stichwort

Die Bahnhofsmission Ludwigsstadt

Wohl kaum an einer Grenze und wohl kaum an einem Bahnhof war die Einrichtung Bahnhofsmission so wertvoll wie an den Grenzbahnhöfen zur DDR. Fast täglich strandeten dort Menschen, denen die Einreise in die DDR verweigert wurde. Oder Menschen, die der Staatsführung im Osten zu rebellisch waren, kurzerhand in einen Zug gesetzt und gegen ihren Willen abgeschoben wurden und in den Bahnhofsmissionen der westlichen Grenzbahnhöfe „Erste Hilfe" bekamen in ihrer verzweifelten Situation.

Die Ludwigsstädter Bahnhofsmission begann ihre Arbeit in der Weihnachtszeit 1953 unter primitiven Bedingungen in einer Holzbaracke. Unter der Überschrift „Ludwigsstadt - Grenzbahnhof menschlicher Schicksale" berichtet die örtliche Tageszeitung am 16. Januar 1954 von zwei Russlandheimkehrern, die dort zehn Jahre in Gefangenschaft verbracht hatten und ihre in der DDR lebenden Ehefrauen in der Ludwigsstädter Bahnhofsmission wiedersahen, oder von dem Mann, der am Weihnachtsabend hinter seiner Ehefrau hergefahren war und vergeblich hoffte, sie würde auf seine Telegramme reagieren und mit den Kindern aus der DDR zurückkehren.

1970 war das Reisendenaufkommen über zehn Prozent auf 437.776 Personen gestiegen. Die Fälle, in denen die Bahnhofsmission tätig wurde, summierten sich auf 69.359 Dienstleistungen. Die Träger der Einrichtung sahen die Notwendigkeit, die altersschwache Baracke und die chronischen Unterbringungssorgen zu beenden und einen Neubau zu errichten. Am 19. Mai 1974 konnte der Neubau der Ludwigsstädter Bahnhofsmission eingeweiht werden. Das Baracken-Provisorium hatte ausgedient.

Arbeit in Zahlen

Beeindruckend ist die Statistik der guten Werke: Zwischen 1962 und 1973 haben 845.000 Personen die Dienste der Einrichtung in Anspruch genommen. 138.000 Liter Tee, 16.000 Verpflegungen und 7.500 Essen wurden ausgegeben sowie 8.146 Übernachtungen gewährt. Mit der Errichtung eines eigenen Gebäudes im Bahnhofsgelände konnte professionelle Hilfe organisiert werden: von der Übernachtungsmöglichkeit für zurückgewiesene West-Bürger oder abgeschobene Ost-Bürger bis zum Ausschank kalter Erfrischungsgetränke im Sommer oder warmer Getränke im Winter am Fenster der ankommenden oder abfahrenden Züge. Ihren letzten großen Auftritt hatte die Bahnhofsmission in Ludwigsstadt in den Tagen und Wochen nach der Grenzöffnung im November 1989. Mehrere hundert Bürger der DDR kamen jeweils mit den eilig eingelegten Sonderzügen über die Grenze nach Ludwigsstadt, um einzukaufen und den begehrten Begrüßungsgeldschein in Empfang zu nehmen. 1995 wurde die Bahnhofsmission in Ludwigsstadt geschlossen. Mission erfüllt.

Die guten Geister von Ludwigsstadt: Der unermüdliche Einsatz der Damen von der Bahnhofsmission half manche Reisestrapaze und manches Leid im deutsch-deutschen Zugverkehr zu lindern. Und das über mehrere Jahrzehnte hinweg Stadtarchiv Ludwigsstadt

Verkehrszwecke in diesem Bereich Oberfrankens: als Anfangs- und Endpunkt für die Nahverkehrszüge Richtung Lichtenfels und Bamberg sowie im örtlichen Güterverkehr, sei es mit Fracht, die über den Güterschuppen von oder zu der Bahn kam, oder mit dem beim nördlichen Stellwerk platzierten Schotterverladewerk.

Die Zeit nach 1989

Die Grenzöffnung im November 1989 holte Ludwigsstadt und seinen Bahnhof noch einmal ins Rampenlicht. Die überfüllten Züge mit überglücklichen Besuchern aus der DDR waren auch hier wochenlang Alltag – ein Hauch der Geschichte, der zugleich das Ende des Grenzbahnhofs ankündigte. Denn spätestens die Verwirklichung der deutschen Einheit am 3. Oktober 1990 zog unter diese Episode einen Schlussstrich. Die Grenzpolizei wurde abgezogen, die Bahnhofsmission geschlossen. Von dem wachsenden Fernreiseverkehr profitierte Ludwigsstadt nur kurze Zeit – nach jahrzehntelangem Zwischenhalt im Bahnhof fuhren die Fernreisezüge ab 1991 durch. Der zweigleisige Ausbau der Frankenwaldbahn von Probstzella her brachte für den Bahnhof einen weiteren Rückschritt. Die DB reduzierte die Anlagen in Ludwigsstadt auf nurmehr drei Durchfahrgleise, das Schotterverladewerk hatte man schon vorher aufgegeben.

Mittlerweile wurde die – 1971 stillgelegte und bis 2000 noch auf einem Reststück für örtliche Unternehmen bediente – Strecke nach Lehesten abgebaut. Seit 2012 steuert man den Bahnhof Ludwigsstadt elektronisch von Kronach aus und 2017 wanderte der Fernreiseverkehr weitestgehend auf die neu eröffnete Schnellfahrstrecke Ebensfeld – Erfurt ab. In Ludwigsstadt kehrte Ruhe ein. Die meisten Gebäude stehen leer, Personal vor Ort gibt es nicht mehr. Ludwigsstadt ist wieder eine ganz normale Bahnstation. Beziehungsweise das, was man heutzutage darunter versteht.

Mit einem Nahverkehrszug macht sich 144 075 im August 1982 in Ludwigsstadt auf den Weg Richtung Lichtenfels. Mit fünf Durchfahrgleisen hat der Bahnhof noch seine übliche Ausdehnung Jürgen Hörstel

Postkarte aus den 1950er-Jahren. Die Bilder unten zeigen die damaligen Bauten neben dem Empfangsgebäude, unter anderem den Kiosk (l.) Archiv Siegfried Scheidig

Am 9. August 1983 verlässt 151 163 mit D 402 von Nürnberg nach Leipzig den Bahnhof Ludwigsstadt; nächster Halt wird Probstzella sein. Vorher passiert der Zug bei der Ausfahrt noch die Schotterverladeanlage an der Nordseite des Bahnhofs Ludwigsstadt Dr. Brian Rampp

Dieser Heizwagen wird noch in den 1980er-Jahren von der Bundesbahn eingesetzt, um in Ludwigsstadt abgestellte Reisezugwagen bis zu ihrer Weiterfahrt zu wärmen. Den Strom bezieht er aus einer Versorgungsleitung Dr. Brian Rampp

Der E 2006/2003 Lichtenfels – Rudolstadt wird als zusätzlicher Reisezug nach der Grenzöffnung über die Frankenwaldbahn eingelegt. Am 11. November 1989 warten 211 023 und 018 mit E 2006 in Kronach auf die Weiterfahrt Rolf Schierer

Frankenwaldbahn und Mauerfall

Viele, viele Leute!

Rolf Schierer, Jahrgang 1966, arbeitete 1989 bei der Güterabfertigung Lichtenfels, zuständig für die Fläche Staffelstein. Dort erlebte er den 9. November und die Grenzöffnung der DDR. Für den Kronacher der Auftakt zu überraschenden neuen Erfahrungen

Rolf Schierer, Jahrgang 1966, ist auch heute als Eisenbahner tätig. In der Freizeit wirkt er bei der Rodachtalbahn Steinwiesen – Nordhalben mit (Foto) MHZ

Dass ich mittendrin im Geschehen gewesen bin, kann ich nicht gerade sagen. Obwohl ich nicht weit weg von der innerdeutschen Grenze wohnte und arbeitete, verfolgte ich die Entwicklung in der DDR und in den deutsch-deutschen Beziehungen eher mit Abstand. Wie so viele. Man nahm sein Tagwerk auf und behielt den täglichen Ablauf bei.

Aber dann ging es Schlag auf Schlag. Der 9. November 1989, das Radio erzählte von der Grenze, die geöffnet werden sollte. Meine Reaktion: „Wie bitte??? Das kann nicht sein." Tags darauf hieß es, die Bundesbahn würde Sonderzüge über die offene Grenze einsetzen. Und ich dachte: „Das kann erst recht nicht sein!"

Zum Bahnhof und an die Grenze

Neugierig suchte ich am 10. November abends den Kronacher Bahnhof auf. Ja, da waren viele Leute, sehr viel mehr als sonst. Ich ahnte nicht, dass das nur der Anfang war. Auch der Hinweis auf die Sonderzüge traf zu. Zwei V 100 rollten mit einer Wagengarnitur ein. Mein Interesse war geweckt.

Am folgenden Tag, dem 11. November, fotografierte ich den Zug. Mehr Sonderzüge gab es da noch nicht, aber das sollte sich ändern. Nun erst recht neugierig geworden, fuhr ich am 12. November mit dem Zug Richtung Grenze. In Ludwigsstadt hatte man schon wegen der vielen Leute den Bahnhof abgesperrt. In Lauenstein hieß es „aussteigen" – alles war voller Menschen. Zu Fuß kam ich nach Falkenstein und zur Grenze. Auf beiden Seiten bemühte man sich, die Straße zwischen Bundesrepublik und DDR nutzbar zu machen. Zahlreiche Schaulustige tummelten sich dort, dazu unsichere Grenzorgane der DDR und ein paar DDR-Bürger auf der Rückreise. „Wir wollen heim", forderten sie – nach wenigen Worten durften die Fußgänger hinüber.

Ein paar Wochen später war der Straßenübergang bei Falkenstein wiederhergestellt. Und bis weit nach 1990 hinein rollten unzählige Züge, auch viele Zusatzzüge, über die Frankenwaldbahn, um DDR-Bürger nach Westen und zurück zu bringen.

Viele Schaulustige umlagern am 12. November 1989 den einstigen Haltepunkt Falkenstein an der innerdeutschen Grenze. Offiziell können hier nur Züge von West nach Ost und umgekehrt passieren – noch ... Rolf Schierer

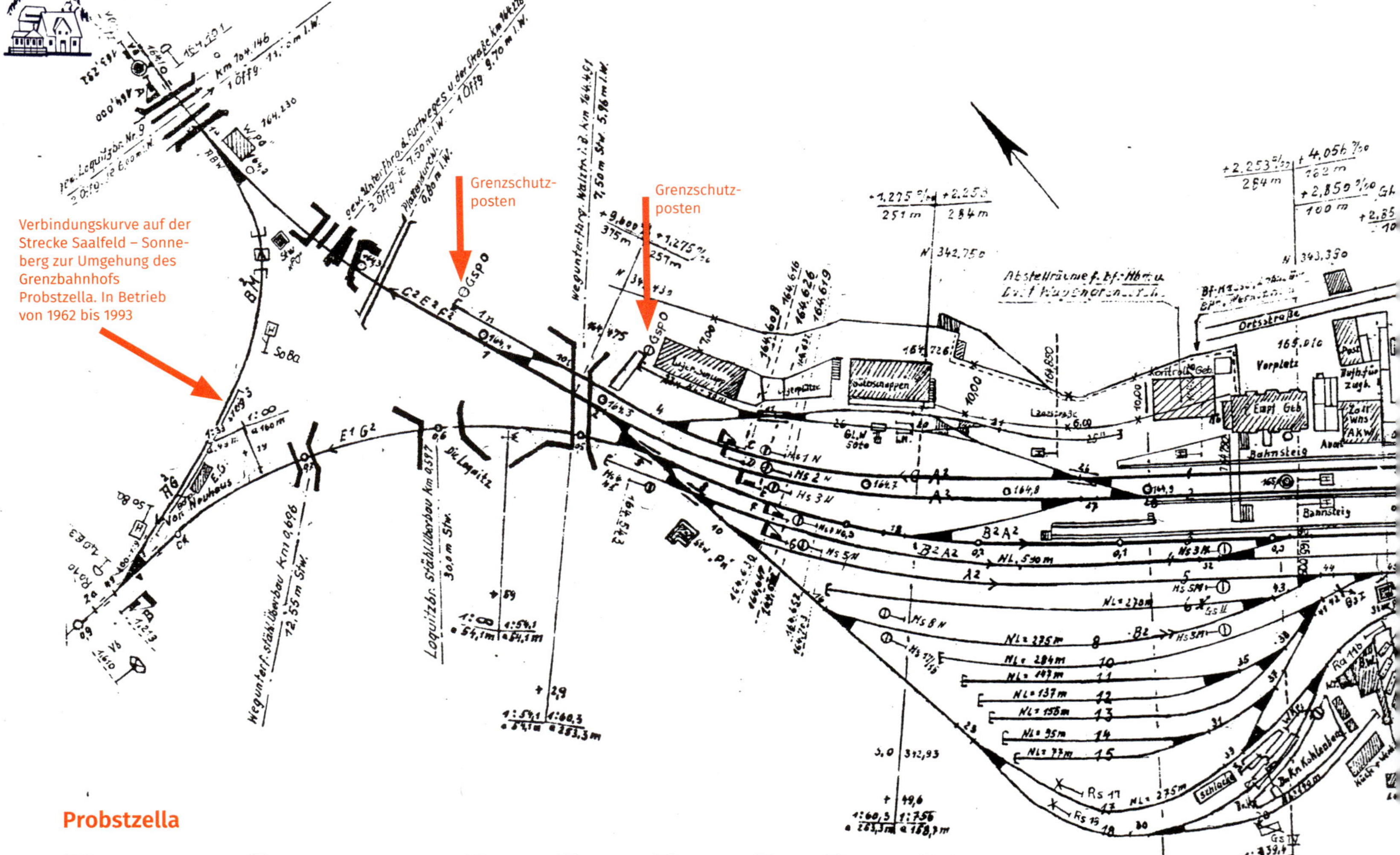

Probstzella

Der Grenzbahnhof Ost

Probstzella, die kleine Gemeinde auf halber Strecke zwischen München und Berlin, war von dem Beginn der Eisenbahnzeit an Grenzbahnhof. Aber so strikt und unmenschlich getrennt wie in den Jahren nach 1945 hatte man das Dasein an der Grenze zu keiner Zeit vorher erlebt *Von Christian Gloël/GM*

Zwischen dem Herzogtum Sachsen-Meiningen und dem Königreich Bayern, später zwischen Thüringen und Bayern – schon seit jeher hatten Züge bei Probstzella eine nahe Grenzlinie überquert. Allerdings war diese Grenzlinie keine, die eine tiefgreifende Trennung kennzeichnete. Das Kriegsende 1945 und die nach den Beschlüssen der Siegermächte vorgenommene Aufteilung Deutschlands in Besatzungszonen änderten das. Nun lag der Bahnhof Probstzella an der Nahtstelle – der Demarkationslinie zwischen den westlichen Siegermächten und der Sowjetunion.

Eisenbahn und Kalter Krieg

In Verhandlungen zwischen den Beauftragten der Reichsbahndirektion Nürnberg und der Reichsbahndirektion Erfurt wurde am 27. September 1947 die Aufnahme des Zugbetriebs am Übergang Falkenstein für den 5. Oktober 1947 vereinbart. Doch die Sowjetische Militäradministration stimmte den Plänen der Eisenbahner nicht zu. Die Verstimmung zwischen den Sowjets und den Westalliierten über den Status von Berlin wurde spürbar. Der „Kalte Krieg“ hielt Ein-

Noch im Frühjahr 1992 kann man beim Blick von Süden auf den Bahnhof Probstzella Überbleibsel der Absperrungen entdecken: die Trennwand am Bahnsteig (M.) und den Absperrzaun (r.). Vorn pausiert eine 155, im Bw eine 219 Dr. Brian Rampp

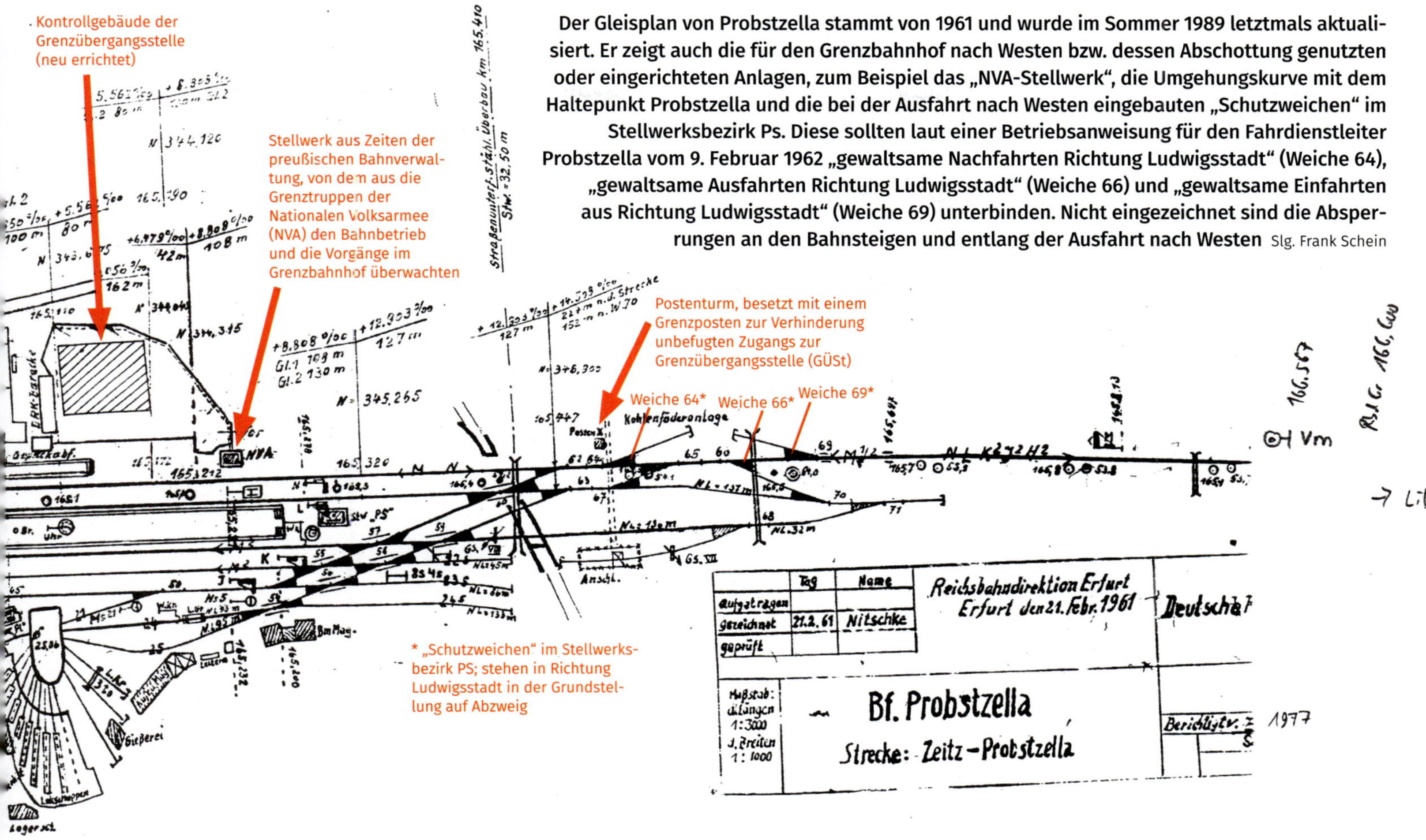

Der Gleisplan von Probstzella stammt von 1961 und wurde im Sommer 1989 letztmals aktualisiert. Er zeigt auch die für den Grenzbahnhof nach Westen bzw. dessen Abschottung genutzten oder eingerichteten Anlagen, zum Beispiel das „NVA-Stellwerk“, die Umgehungskurve mit dem Haltepunkt Probstzella und die bei der Ausfahrt nach Westen eingebauten „Schutzweichen“ im Stellwerksbezirk Ps. Diese sollten laut einer Betriebsanweisung für den Fahrdienstleiter Probstzella vom 9. Februar 1962 „gewaltsame Nachfahrten Richtung Ludwigsstadt“ (Weiche 64), „gewaltsame Ausfahrten Richtung Ludwigsstadt“ (Weiche 66) und „gewaltsame Einfahrten aus Richtung Ludwigsstadt“ (Weiche 69) unterbinden. Nicht eingezeichnet sind die Absperrungen an den Bahnsteigen und entlang der Ausfahrt nach Westen Slg. Frank Schein

zug und erreichte im Juni 1948 mit der Sperrung der Verkehrswege zwischen den westlichen Besatzungszonen und den Westsektoren Berlins einen vorläufigen Höhepunkt. Am Übergang am Falkenstein gab es indes Ausnahmen von dieser Bestimmung: Fußgänger sowie die Korridorzüge nach Ludwigsstadt – Lehesten konnten den Übergang noch nutzen.

Der Grenzbahnhof Probstzella übernahm in den folgenden Jahren verschiedene Rollen, je nach Zeitabschnitt und Blickwinkel: Er war Zwischenstation, Vorposten des Sozialismus und – noch mehr als bisher – eine zunehmend schikanöse Sperre, in der Reisende, Eisenbahner, Züge nach ihrer Herkunft getrennt wurden und getrennt bleiben sollten. Die Rolle als Zwischenstation bestand nur kurz. Ab 17. August 1949 schickte die Reichsbahndirektion Nürnberg dreimal wöchentlich einen Eilzug von Nürnberg bis an den Haltepunkt Falkenstein, um den Interzonen-Reisenden den Weg nach Probstzella zu verkürzen, von wo aus Anschluss nach Berlin und in die anderen Regionen der „Ostzone“ bestand. In der Nacht von 10. auf 11. September 1949 überquerte der erste Interzonenzug, das Zugpaar FD 149/150 München – Ludwigsstadt – Probstzella – Berlin Friedrichstraße, den hiesigen Grenzübergang.

1949/50 profitierte der Grenzbahnhof von der Wiederelektrifizierung, nachdem der vorherige Fahrdraht 1946 als Reparationsleistung für die Sowjetunion demontiert worden war. Wie gehabt wendeten Lokomotiven der Bundesbahn hier und kehrten über die Grenze nach Westen zurück – nun in der Regel Elloks der Bundesbahn.

Starker Einschnitt 1961

In den 1950er-Jahren wuchs das Aufkommen im innerdeutschen Reiseverkehr über Probstzella zeitweise an, doch blieb die Konfrontationslage zwischen Ost und West bestehen. Der Mauerbau am 13. August 1961 beendete dann abrupt jegliche Aufwärtsentwicklung. Die von der DDR angestrengte „Sicherung der Staatsgrenze“, in Wirklichkeit das Bestreben, nicht genehmigte Ausreisen von DDR-Bürgern nach Westen zu unterbinden, wirkte sich auch in Probstzella aus. Reisten 1957 über eine Million Personen über den thüringisch-fränkischen Grenzübergang, so halbierte sich die Zahl ab 1958 bis 1963 auf nur noch 500.000. Baumaßnahmen im Grenzbahnhof Probstzella sollten jegliche Versuche, nach Westen zu fliehen, verhindern. So wurden „Schutzweichen“ eingebaut, die gegebenenfalls Züge nach der Seite lenken sollten – erst bei Genehmigung durch ein Grenzorgan waren die Reichsbahner befugt, die Weiche zum Streckengleis hin zu stellen. Allgemein machte man den Grenzbahnhof zu einem

Stichwort

Das Grenzbahnhof-Museum Probstzella

So geheimnisumwittert die Anlagen zur Sicherung der innerdeutschen Grenze am Eisenbahnübergang Probstzella waren, so viele Wege sich dort kreuzten: Das martialische Kontrollgebäude der Grenzübergangsstelle (GÜSt), Zäune und Stacheldraht wären kaum zu erhalten gewesen. Trotzdem wird die Geschichte an Ort und Stelle in einem „Grenzbahnhof-Museum“ erlebbar gemacht. Wer die Grenze einst in Probstzella passiert hat, erschaudert beim Anblick der Armbinden mit der Aufschrift „Grenztruppen“. Er hat augenblicklich den Geruch einer Mischung aus Bohnerwachs und Sagrotan in der Nase, wenn er die rot gepolsterten Stahlrohrstühle in Sitzposition zerrt. Er oder sie wird sich an das aufgeräumte Lächeln des an die Wand gehängten Portraits von Erich Honecker erinnern. Sein treuherziger Blick nährte bei meinen Einreisen die Hoffnung: „So schlimm kann's ja nicht werden.“ Der nie eingereiste, nie gefilzte Besucher der DDR kann in dem sehr authentischen Museum versuchen, zu spüren, wie das gewesen sein könnte, wenn Landsleute sich gegenseitig abschrecken und tiefes Misstrauen vorherrscht. Das Museum zeigt Dokumente und Fotos, die das Unglaubliche vom Schießbefehl bis zur Grenzöffnung festhalten.

Das Grenzbahnhof-Museum befindet sich im Empfangsgebäude und hat Donnerstag, Samstag, Sonntag von 13 bis 16 Uhr geöffnet, außerdem am 17. Juni, 13. August, 3. Oktober und 9. November von 13 bis 17 Uhr. Bei Redaktionsschluss war der Besuch wegen Bauarbeiten allerdings eingeschränkt.

umfassenden Kontroll- und Sperrbereich: Die Züge aus der Bundesrepublik in die DDR und nach West-Berlin liefen nun separiert von Zügen des Binnenverkehrs, streng überwacht von Grenzern, durch Metallwände am Bahnsteig von den anderen Gleisen und Bahnsteigen abgeschirmt.

Schon vorher hatte die DDR durch Zwangsumsiedlungen die Bevölkerungsstruktur in Probstzella verändert. 1952, bei der zynisch genannten „Aktion Ungeziefer“, wie auch 1961 wurden Einwohner, die als nicht linientreu galten oder aus anderen Gründen den Oberen missfielen, in andere, von der innerdeutschen Grenze entfernte Gebiete abtransportiert. Darunter waren auch Eisenbahner aus Probstzella.

Eine weitere wichtige Veränderung im Laufe der Grenzsicherung war die 1961/62 errichtete, 347 Meter lange Umgehungskurve am nördlichen Bahnhofskopf von Probstzella mit dem Haltepunkt Probstzella. Eigentliches Ziel dieser Kurve war es, dass die Züge des Binnenverkehrs der Strecke Saalfeld – Sonneberg nicht mehr in den Grenzbahnhof Probstzella einfuhren. Gleichzeitig konnte man durch den wegfallenden Fahrtrichtungswechsel die Fahrzeit deutlich verkürzen.

Von 1961 an liefen Binnenverkehr und Ost-West-Verkehr im Bahnhof strikt räumlich getrennt

Der Grenzübergang erlebte erst ab 1973 wieder einen Zuwachs im Reiseverkehr, die grundsätzliche Trennung von Ost-West- und Binnenverkehr blieb aber bestehen.

GÜSt und Kontrollgebäude

Ein neuer Bau veränderte den Charakter des Bahnhofs. 1976 wurde die Grenzübergangsstelle (GÜSt) Probstzella errichtet. In unmittelbarer Nachbarschaft zum Empfangsgebäude entstand dafür ein vierstöckiges Kontrollgebäude, das nun Passkontrolleinheiten, Grenztruppen, Zoll und auch die Staatsicherheit bezogen – wobei diese schon vorher im Bahnhof tätig waren. Im Erdgeschoss des Neubaus fanden die Ein- und Ausreisekontrollen der Bahnreisenden statt, die mit dem Nachtschnellzug D 300 in Probstzella angekommen waren und in die DDR einreisen wollten. Nach Ankunft der Züge aus der Bundesrepublik auf Gleis 1 begrüßte eine bestimmende Durchsage die Fahrgäste. „Transitreisende verbleiben im Zug. Zur Einreise in die DDR begeben Sie sich unverzüglich in das Kontrollgebäude am Ende des Bahnsteigs.“ In dem Warteraum stieg jeweils der Blutdruck der Einreisenden und der Puls schlug bis zum Hals. Man konnte ja nie wissen, welches Mitbringsel das Misstrauen von Zoll und Staatssicherheit erregte und zur „Vollkontrolle“ führte. Nicht selten wurden Schriftstücke

In Kürze

Das Bw Probstzella einst und jetzt

Nicht mehr als einen versteckten Blick (und einen verdeckten Blick) hatte der Reisende aus den von DB-Gebiet gekommenen Reisezügen auf das Bw Probstzella; Foto von 1985 Bodo Schulz

Mit der Eröffnung der Bahnstrecke Eichicht – Probstzella am 8. August 1886 begann in Probstzella die Geschichte der Fahrzeugstationierung und der Fahrzeugunterhaltung. Ab 1923 wurde die Dienststelle als eigenständiges Bahnbetriebswerk geführt und beheimatete 95er-Dampfloks, später auch Elloks der Baureihe E 94.

Mit der Einstellung des elektrischen Zugbetriebs in Mitteldeutschland am 30. März 1946 endeten Einsatz und Stationierung elektrischer Lokomotiven in Probstzella. Bis Anfang der 1980er-Jahre dominierten die Loks der Baureihe 95 den Betrieb im Bw Probstzella. Am 1. September 1981 endete die Stationierung dieser Baureihe mit der Ausmusterung der 95 027. 1981/1982 wurde das Bw Probstzella durch umfangreiche bauliche Veränderungen modernisiert. 1983 wurden zwischen den Bahnhofsanlagen und dem Betriebswerk Sichtschutzwände und Stacheldrahtzäune errichtet.

Mit der Grenzöffnung am Falkenstein am 12. November 1989 gelangten Probstzellaer Loks wieder auf gesamtdeutsches Gebiet. Zahlreiche Sonderzüge Richtung Westen wurden mit Probstzellaer Maschinen bespannt. Während der Wiedererrichtung des zweiten Streckengleises zwischen Hochstadt-Marktzeuln und Saalfeld und der Fahrleitungsanlagen zwischen Probstzella und Camburg waren die Probstzellaer Loks vor Bauzügen im Einsatz. Zum 28. Dezember 1993 wurde das Bw Probstzella aufgelöst und als Außenstelle dem Bw Saalfeld zugeteilt. Die letzten in Probstzella beheimateten Lokomotiven (20 Loks der Baureihe 219 und drei Rangierloks der Baureihe 306) wurden zu den Dienststellen Saalfeld (Baureihe 219) bzw. Meiningen (Baureihe 306) umstationiert. Heute verrosten und verfallen die Reste des Bw Probstzella zusehends.

Im August 1991 hat das Bw diverse 119 (ab 1992: 219) im Bestand, von denen eine Lok gerade per Akkuschleppfahrzeug verschoben wird. Reisende können ungehindert zusehen Josef Högemann

Kurz nach der Grenzöffnung statten Eisenbahnfreunde aus dem Westen mit einem Sonderzug und E 44 119 Probstzella einen Besuch ab. Foto vom November 1989 Christian Gloël

Am 2. September 1991 fährt 132 518 mit D 304 aus Probstzella Richtung Saalfeld aus. Bis 1995 bleibt der Bahnhof ein Halt für Fernreisezüge Rolf Schierer

Am 11. August 1990 hat 132 315 den IR 403 nach Probstzella gebracht, gleich wird auf Ellok umgespannt. Rechts hinten das einst zur Überwachung errichtete Kontrollgebäude Dr. Brian Rampp

und mit den Staatsideologien nicht zu vereinbarende Literatur beschlagnahmt. Währenddessen klapperten die Visastempel in den Fäusten der streng dreinblickenden, hinter Panzerglasscheiben sitzenden Genossen. Am Fenster der Staatsbank wurde der Mindestumtausch im Kurs 1:1 fällig. Nach dem Durchlaufen des Kontrollbereichs fanden sich die Einreisenden in dem Warteraum mit weißen rechteckigen Tischen und den mit rotem Kunststoff gepolsterten Stahlrohrstühlen wieder und warteten auf die Abfahrt des Personenzuges auf Gleis 1 nach Saalfeld. Die Einreisekontrolle der DDR-Besucher in den 1973 eingerichteten Zügen des „kleinen Grenzverkehrs" und in den Schnellzügen erfolgte derweil am Sitzplatz im Wagen.

Der Mauerfall und die Folgen

Über Jahre hinweg änderte sich an den Verhältnissen kaum etwas. Bis zum Herbst 1989: Gleich nach der epochalen Grenzöffnung in Berlin am 9. November wurde ab 11. November auch in Probstzella DDR-Bürgern die Reisefreiheit gewährt. Binnen kurzem wurde aus dem so unwegsam aufgeteilten Bahnhof ein stark nachgefragtes, oft überbeanspruchtes Verkehrsdrehkreuz für den enormen Reisendenstrom nach Westen – begleitet von überschwänglicher Freude über die weggefallenen Beschränkungen und Schikanen.

Schritt für Schritt verlor der Grenzbahnhof in der Folge seine Funktion. Am 30. Juni 1990 endeten die Aufgaben der Zoll- und Grenzorgane. Visaerteilung und Geldumtausch entfielen. Das Kontrollgebäude, die GÜSt, hatte den Dienst getan und war meist unversperrt den ungläubig staunenden neuen und alten Bundesbürgern zu einer Entdeckungstour geöffnet. Mit der Herstellung der deutschen Einheit – dem Beitritt der fünf Länder der DDR zur Bundesrepublik zum 3. Oktober 1990 – galt Probstzella formal nicht mehr als Grenzbahnhof. Die Absperrungen im Bahnhofsbereich verschwanden nach und nach. Ab 1991 wurden die Züge Saalfeld – Sonneberg wieder über den Bahnhof Probstzella geführt, die Umgehungskurve am 23. Mai 1993 stillgelegt.

1992 wurde die Intercity-Linie München – Nürnberg – Leipzig – Berlin eingerichtet, parallel dazu begannen der durchgehende zweigleisige Ausbau und die durchgehende Elektrifizierung zwischen Hochstadt-Marktzeuln und Saalfeld. Noch wechselte man bei Fernreisezügen in Probstzella von Elloks auf Dieselloks bzw. umgekehrt. Als der Fahrdraht auch nördlich des Ortes wieder verfügbar war, konnten die Reisezüge durchgehend elektrisch bespannt werden. So entfiel im Mai 1995 der IC-Halt in Probstzella.

Der Zustand heute

Inzwischen liegen die Zeiten als Grenzbahnhof lange zurück, vieles hat sich verändert. Der Fernreiseverkehr läuft heute weitgehend über die Neubaustrecke Ebensfeld – Erfurt und an Probstzella vorbei. Im Stundentakt wird der Bahnhof von Regionalzügen bedient, außerdem ist er nach wie vor nördliche Anfangs- bzw. Endstation für den Schiebebetrieb im Güterverkehr. Am Bahnsteig erinnert ein Teil der Metalltrennwand an die Begleitumstände des Reiseverkehrs während der deutschen Teilung.

Bemühungen, das vierstöckige Kontrollgebäude zu erhalten, scheiterten; im Dezember 2008 wurde es abgerissen. Damit verlor der Bahnhof Probstzella sein Schreckensgesicht aus der Zeit der sozialistischen Herrschaft.

Die Erinnerung daran bleibt allerdings bestehen, nicht nur durch die Trennwand am Bahnsteig. Im Empfangsgebäude selbst dokumentiert das Grenzbahnhof-Museum ebenfalls diese Jahre, die Probstzella und den Ruf dieses Ortes so einschneidend geprägt haben.

Unterhalb von Burg Lauenstein und beim gleichnamigen Haltepunkt (hinten) bringen 118 008 und Schiebelok 110 336 Anfang 1977 den D 303 Berlin – München Richtung Ludwigsstadt. In der Fahrplanlage dieses Zuges gab es über Jahrzehnte einen Tages-D-Zug von der Spree an die Isar B. Wollny/Eb-Stiftg.

Reisezüge 1945–95

Getrennt – geeint – gefordert

In dem halben Jahrhundert nach Kriegsende zeigte sich das Reisezugangebot auf der Frankenwaldbahn denkbar gegensätzlich. Erst mit reduziertem Fernverkehr und separiertem Nahverkehr, dann mit schlagartigem Aufschwung und der Rückkehr in die Riege bedeutender Verkehrsadern

Von Christian Gloël/Josef Mauerer/Ulrich Rockelmann/MHZ

Die Nacht vom 10. auf den 11. September 1949 brachte für die Frankenwaldbahn etwas, auf das man Jahre gewartet hatte. Erstmals seit den Monaten vor Kriegsende 1945 verkehrte mit dem FD-Zugpaar 149/150 München – Berlin wieder ein regulärer Reisezug über die Grenze zwischen Bayern und Thüringen. Die politischen Gegensätze zwischen der Bundesrepublik hier und der sowjetisch besetzten Zone und späteren DDR dort sollten den Betrieb jedoch weiterhin beschränken und belasten. Der Premierenzug steckte die Konstellation schon ab: Fast nur „Interzonenzüge" und nach 1961 zudem „Transitzüge" (nach West-Berlin) überquerten hier im Reiseverkehr die innerdeutsche Grenze. Der Bezirks- und Nahverkehr blieb dagegen weitestgehend auf die Teilbereiche der Frankenwaldbahn beschränkt, die zu Ost bzw. West gehörten: im Reichsbahn-Gebiet auf Saalfeld – Probstzella, im Bundesbahn-Gebiet auf das Streckenstück von Falkenstein/Lauenstein/Ludwigsstadt nach Lichtenfels. Das direkt an der Grenze gelegene Falkenstein hatte bis in die frühen 1950er-Jahre noch eine gewisse Bedeutung beim Ost-West-Reiseverkehr (siehe Kasten).

Der Fernverkehr 1949–89

Der Verkehr zwischen der Bundesrepublik und der DDR war von Anfang an besonderen Schwierigkeiten unterworfen. In den frühen 1950er-Jahren konnten immerhin einige Züge zwischen der Bundesrepublik und Berlin wieder verkehren; zudem erhielten DDR-Bürger von der Bundesrepublik Beihilfen für ihren Aufenthalt. Nicht zuletzt deshalb hielt sich der Zuwachs an Zugverbindungen über die Frankenwaldbahn im Rahmen, zumal es aus verschiedenen Gründen nicht zu einem durchgängigen Anstieg des Reisendenaufkommens kam. Im Jahr 1957 rollten via Ludwigsstadt – Probstzella im Fernreiseverkehr zwei tägliche Zugpaare (D 149/150, D 151/152) und zwei Saisonzugpaare im Sommer bzw. an Festtagen (D 1049/1050, D 1149/1150). Die Züge hatten die Laufwege München – Berlin, Stuttgart – Berlin, München – Leipzig und München – Erfurt. Damit war das grundsätzliche Fernreise-Angebot auf der Strecke fast schon umrissen. Im Prinzip behielten DB und DR dies bei, selbst nach dem Mauerbau 1961 und den damit verbundenen Reisebeschränkungen, als die Berlin-Züge zu „Transit-Zügen" (ohne Verkehrshalt in der DDR) wurden. Nimmt man zu den vier Schnellzügen noch die ab 1969 bestehende Autoreisezugverbindung (ebenfalls mit dem Laufweg

München – Berlin) hinzu, dann ist die für die Frankenwaldbahn typische „Kombination" an Fernreisezügen weitgehend komplett. Bis in die 1980er-Jahre sollte sie mehr oder weniger so bestehen (siehe S. 42/43).

Im Jahr 1963 hatte die Bundesbahn übrigens bei den Berliner Transit-D-Zügen in Nord-Süd-Richtung die Verkehrshalte in Pressig-Rothenkirchen gestrichen. Auch die ab 1965 neu eingelegten saisonalen Züge des DB-DR-Verkehrs hielten dort in Nord-Süd-Richtung nicht. Der Nachtzug Berlin – München (D 130) bekam 1969 wieder diesen Halt, der Tageszug Leipzig – Nürnberg (D 403) hielt ab 1979, der D 303 Berlin – München ab 1980 dort. Angesichts der damals relativ schwachen Belegung der Frankenwaldbahn mit Reisezügen waren die zusätzlichen D-Zug-Halte für die örtliche Bevölkerung durchaus eine Erleichterung.

Eilzüge im „Kleinen Grenzverkehr"

Zu den Interzonen- und Transitzügen kam in den frühen 1970ern eine Verbindung des Regionalverkehrs hinzu – einer der besagten Sonderfälle. Der am 17. Oktober 1972 in Kraft getretene Verkehrsvertrag zwischen der Bundesrepublik und der DDR führte zu einer Vereinbarung über grenznahen Reiseverkehr, auch „Kleiner Grenzverkehr" genannt. Nun konnten Bundesbürgerinnen und Bundesbürger aus grenznahen Landkreisen ebenfalls grenznahe Kreise der DDR besuchen. Unter den dafür freigegebenen

Von 1973 an ergänzte der „Kleine Grenzverkehr" die Transitzüge und „Interzonenzüge"

Übergängen befand sich Ludwigsstadt/Probstzella, sodass DB und DR die Führung eines neuen Eilzugpaares ab 5. Juli 1973 vereinbarten: die Züge E 2002 (Ludwigsstadt – Saalfeld) und E 2007 (Saalfeld – Lichtenfels). Die Halte der Eilzüge in Probstzella dienten nur Betriebs- und Kontrollzwecken, Ein- und Ausstiege von Reisenden waren nicht gestattet. Zwischen Probstzella und Saalfeld gab es keine Verkehrshalte.

In der Praxis bot auch der E 2002 eine durchgehende Verbindung von Lichtenfels zur Saale; die beiden ersten oder zumindest der erste Wagen des Nahverkehrszugs aus Lichtenfels bildeten ab Ludwigsstadt den Eilzug des „Kleinen Grenzverkehrs". Das Wagenmaterial stellte die DB: „Silberlinge" der Gattung Bn. Die abendliche Rückleistung war seit Herbst 1974 ab Ludwigsstadt de facto ein Nahverkehrszug. Das DB-Kursbuch listet die Züge des „Kleinen Grenzverkehrs" übrigens erst ab Winter 1974/75 auf. Vorher hatte die DB lapidar auf Aushänge und Mitteilungsblätter verwiesen.

Textfortsetzung auf Seite 44

Auf Reichsbahnseite wurden die Züge des „Kleinen Grenzverkehrs" zunächst mit Dampfloks der Baureihe 95 oder 44 bespannt (Foto: 95 mit E 2002 bei Oberloquitz, April 1979). In späteren Jahren ging die Leistung vor allem auf Dieselloks der Baureihe 119 über Georg Wagner

Übersicht

Regionalverkehr Saalfeld – Probstzella

Zusammenstellung: GM

Das Angebot an Eilzügen (E), Personenzügen (P) bzw. Nahverkehrszügen (N) für ausgewählte Fahrplanzeiten zwischen 1950 und 1992. Züge über Hockeroda nach Lobenstein/Blankenstein sind nicht berücksichtigt.

Sommer 1951

KBS 188 Naumburg – Saalfeld – Probstzella
Saalfeld – Probstzella Bf:
1 x E tgl. (Leipzig – Probstzella Bf)
5 x P tgl.
Probstzella Bf – Saalfeld:
1 x E tgl. (Probstzella Bf – Leipzig)
4 x P tgl.
Einige Personenzüge fahren über den Abschnitt Saalfeld – Probstzella hinaus, z. B. Richtung Sonneberg.

Sommer 1967

KBS 190 k Saalfeld – Probstzella – Sonneberg
Saalfeld – Probstzella Hp (– Sonneberg):
7 x P tgl., 1 x P nur Sa
(Sonneberg –) Probstzella Hp – Saalfeld:
7 x P tgl., 1 x P nur Sa
Die Züge fahren jeweils über den Haltepunkt Probstzella abseits des Bahnhofs. Ein Personenzugpaar verkehrt auf dem Laufweg Nordhausen – Sonneberg.

Sommer 1974

KBS 566 Saalfeld – Probstzella – Sonneberg
Saalfeld – Probstzella Hp (– Sonneberg):
1 x E tgl. (Leipzig – Sonneberg)
6 x P tgl.
(Sonneberg –) Probstzella Hp – Saalfeld:
1 x E tgl. (Sonneberg – Leipzig)
6 x P tgl.
Ein Zugang zu Zügen in die/von der Bundesrepublik ist nicht möglich. Ein Personenzugpaar verkehrt auf dem Laufweg Nordhausen – Sonneberg.

Sommer 1981

Wie Sommer 1974, nur mit teils geänderten Zugnummern bei den Personenzügen

Jahresfahrplan 1991/92

KBS 820 Saalfeld – Ludwigsstadt – Lichtenfels – Bamberg – Nürnberg

Züge Saalfeld – Lichtenfels (– Nürnberg)
1 x P/N Saalfeld – Probstzella Bf – Lichtenfels
2 x N Probstzella Bf – Lichtenfels
2 x N Probstzella Bf – Lichtenfels Mo-Fr, davon einer ab Lichtenfels tgl. nach Bamberg
1 x P Saalfeld – Probstzella Bf – Sonneberg, Mo-Fr Anschluss an Eilzug Probstzella Bf – Lichtenfels
1 x P Saalfeld – Probstzella Bf – Sonneberg, Anschluss an N Probstzella Bf – Lichtenfels

Züge (Nürnberg –) Lichtenfels – Saalfeld
1 x N/P Lichtenfels – Probstzella Bf – Saalfeld
2 x N Lichtenfels – Probstzella Bf
4 x N Lichtenfels – Probstzella Bf (Mo-Fr)
1 x N Lichtenfels – Probstzella Bf, dort Anschluss an P nach Saalfeld
1 x N Lichtenfels – Kronach (Mo-Sa) – Probstzella Bf (Sa), dort Anschluss an P nach Saalfeld

KBS 566 Saalfeld – Probstzella – Sonneberg
4 x P Saalfeld – Probstzella Bf – Sonneberg
1 x P Saalfeld – Probstzella Hp – Sonneberg
Weitere Personenzüge ab Probstzella Bf nach Sonneberg

KBS 566 Sonneberg – Probstzella – Saalfeld
2 x P Gräfental – Probstzella Hp – Saalfeld
2 x P Sonneberg – Probstzella Bf – Saalfeld
2 x P Sonneberg – Probstzella Hp – Saalfeld

Bf – Bahnhof; Hp – Haltepunkt

Übersicht

Fernreiseverkehr über Ludwigsstadt – Probstzella nach 1945

Vor dem Zweiten Weltkrieg war die Strecke über Probstzella – Saalfeld die wichtigste Verbindung zwischen der Reichshauptstadt Berlin und der bayerischen Landeshauptstadt München. Weil die Route zudem über weitere wichtige Städte wie Nürnberg, Jena oder Naumburg (Saale) führt, hatte sie der Verbindung über Hof noch vor dem Ersten Weltkrieg den Rang abgelaufen.

Im Sommer 1939 verkehrten über die Frankenwaldbahn bis zu zehn D-Zugpaare sowie ein FD- und ein FDt-Zugpaar. Neun dieser Züge hatten die Verkehrsrichtung Berlin – Nürnberg – München, eines die Verkehrsrichtung Berlin – Stuttgart. Auch der FDt hatte einen Flügel nach Stuttgart. Drei saisonale D-Zugpaare dienten dem Urlaubsverkehr Berlin – Augsburg – Lindau und – Oberstdorf mit Kurswagen in die Schweiz. Dazu kamen ein durchgehendes Personenzugpaar Berlin – München über Nacht sowie ein Eilzugpaar Leipzig – München.

Der Kriegsausbruch führte zu einer Reduzierung des Zugangebotes. Im Sommer 1943 gab es aber immerhin noch sieben regelmäßig verkehrende Fernzugpaare, davon zwei D-Züge mit Wehrmachtsteil (DmW). Auch der Schlafwagenzug Dsl 70/71 verkehrte zu dieser Zeit noch. Im letzten Fahrplan vom Juli 1944 waren noch sechs Fernzüge vorgesehen (ebenfalls Dsl 70/71, aber keine DmW mehr).

Nach dem Zweiten Weltkrieg wurde erst im Herbst 1949 wieder ein durchgehendes Zugpaar München – Berlin eingelegt. Besonders stark entwickelte sich der Zugverkehr bis Ende der 1980er-Jahre nicht. Bemerkenswert ist eine 1956 eingeführte Nachtverbindung Berlin – Stuttgart, die ab Bamberg über Schweinfurt – Würzburg dem Laufweg der früheren über Mellrichstadt verkehrenden Züge folgte. Ab 1959 etablierte sich das mehrere Jahrzehnte andauernde Grundangebot mit je einer Tages- und Nachtverbindung München – Berlin, dazu kamen bis zu zwei saisonale Zugpaare für den DB-DR-Verkehr und eine Autoreisezugverbindung. Stuttgart wurde stets mit Kurswagen bedient.

Es folgt ein Überblick über die einzelnen eingelegten Fernreisezüge. Angegeben sind die jeweils in einem Jahr hinzu gekommenen bzw. geänderten Zugverbindungen. Eine Übersicht über das jahresweise bestehende Angebot an Fernreisezügen liefert die Balkengrafik.

1949

Ab 17.08.1949 zunächst eine, ab 28.08. drei **Eilzugverbindungen** Nürnberg – Lichtenfels – Falkenstein. Ab 25.08.1949 eine FDt-Verbindung Probstzella – Berlin 3 x wöchentlich. Den Weg Falkenstein – Probstzella müssen die Reisenden zu Fuß zurücklegen.

Ab 10.09. neu eingelegtes Nachtzugpaar **FD 149/150** München – Berlin Friedrichstraße über Nürnberg – Saalfeld – Leipzig – Dessau. Im Sommer 1950 Umwandlung in D-Zug. Verkehrt so bis 1959 mit folgenden Änderungen: 1950 bis 1956 Kurswagen Stuttgart – Nürnberg – Berlin, 1953/54 Halbspeisewagen (CK) von München bis Ludwigsstadt, 1954 Mitropa-Schlafwagen München – Berlin und DSG-Schlafwagen Stuttgart – Berlin, 1955 DSG-Schlafwagen München – Berlin, 1956/57 Kurswagen Rom – München – Berlin, ab Herbst 1957 auch Liegewagen München – Berlin.

1954

Neuer Tageszug **D 1049/1050** München – Erfurt täglich (bereits im Winter 1953/54 auf bes. Anordnung zwischen Augsburg und Erfurt vorgesehen). Mit Kurswagen Stuttgart – Nürnberg – Erfurt. Ab 1955 Zuglauf München – Leipzig (und Kurswagen Stuttgart – Leipzig) ganzjährig, mit Einschränkungen zur Winterzeit. Zug entfällt 1958 aufgrund weiterer Restriktionen im DB-DR-Verkehr und daraus folgendem Verkehrsrückgang.

1956

Neues Nachtzugpaar **D 151/152** Stuttgart – Berlin (über Würzburg – Schweinfurt – Bamberg – Saalfeld – Halle). Mit Schlafwagen Stuttgart – Berlin und Kurswagen Nürnberg – Bamberg – Berlin. Ab 1957 zusätzlich Kurswagen Genua – Mailand – Zürich – Stuttgart – Berlin und Wien – Nürnberg – Bamberg – Berlin. Entfällt 1959.

1957

Neuer Tageszug **D 1149/1150** München – Erfurt. Mit Kurswagen Stuttgart – Nürnberg – Erfurt nur in der Sommerhauptsaison, im Winter auf besondere Anordnung. Entfällt 1958.

1959

Bisheriger Nachtzug D 151/152 neu als „Saßnitz-Express" mit neuen Zugnummern **D 129/130** und Laufweg München – Leipzig – Berlin – Saßnitz Hafen. Mit Kurswagen München – Malmö, Mitropa-Schlafwagen München – Berlin, Kurs- und Liegewagen (DB) Stuttgart – Berlin. DR-Liegewagen München – Saßnitz – Trelleborg im Sommer bis 1962; ab 1960 auch Liegewagen München – Berlin, wenn Wagen nach Trelleborg nicht verkehrt. Besteht in dieser Form bis 1968, nach 1961 ohne Halt in Saalfeld und Leipzig.

Neuer Tageszug München – Berlin als **D 151/152**. Mit Kurswagen Stuttgart – Nürnberg – Berlin. Zunächst mit DSG-Speisewagen, ab 1963 Mitropa-Speisewagen. 1967–1971 mit den Zugnummern D 127/128

Neuer saisonaler Nachtzug **D 1029/1030** Augsburg – Leipzig im Sommer. D 1029 ab 1960 ab München. Entfällt 1962.

Neuer saisonaler Tageszug **D 1051/1052** Augsburg – Leipzig. D 1051 im Sommer täglich mit Laufweg über Saalfeld – Gera. Entfällt 1962.

1962

Neuer Reisebürozug **D 2929/2930** Berlin – Villach 1 x wöchentlich im Sommer, ab 1963 als D 939/940 2 x wöchentlich, zusätzlich mit Ziel Verona, ab 1964 3 x wöchentlich. 1967 wieder nur 1 x wöchentlich und ab 1970 als D 956/957 mit Namen „Spree-Alpen-Express".

1965

Neuer saisonaler Nachtzug **D 2029/2030** Stuttgart – Berlin 1 x wöchentlich in der Sommerhauptsaison (Entlastungszug zu D 129/130). 1966 2 x wöchentlich, 1967 wieder 1 x wöchentlich, ab 1968 nur noch einzelne Verkehrstage. Entfällt 1970.

1966

Neuer Tageszug **D 1051/1052** Nürnberg – Leipzig über Saalfeld – Gera. Im Sommer täglich, im Winter bei Bedarf. Mit Kurswagen Stuttgart – Nürnberg – Leipzig. 1967–1973 Zugnummern D 1027/1028, ab 1971 im DB-Bereich als D 1058/1059 mit Zugnummernwechsel in Probstzella

1968

Nachtzug **D 129/130** mit neuem Laufweg München – Berlin, Zugname „Saßnitz-Express" entfällt. Mit Mitropa-Schlafwg. München – Berlin, DB-Liegewagen München – Berlin, DR-Liegewagen und Sitzplatzwagen Stuttgart – Nürnberg – Berlin. 1971–1973 bei der DB als D 494/495, Zugnummernwechsel in Probstzella

Tageszug **D 127/128** neu als „Saßnitz-Express", neuer Zuglauf München – Berlin – Saßnitz Hafen. Mit Kurswagen München – Malmö. Wie bisher mit Mitropa-Speisewagen München – Berlin und Kurswagen Stuttgart – Nürnberg – Berlin. Ab 1969 formaler Laufweg München – Berlin – Malmö. 1971 mit Kurswagen München – Kopenhagen. Im Herbst 1972 entfallen Wagen nach Malmö und Kopenhagen sowie der Name „Saßnitz-Express". 1971–1973 bei der DB als D 490/491; Zugnummernwechsel in Probstzella

1969

Neuer Autoreisezug **D 1428/1429** Berlin – München Ost, Verkehrstage auf Fr/Sa bzw. Sa/So saisoniert. 1970 3 x wöchentlich. 1971–1973 Autoreisezug als Dk 1498/1499

1973

Neuordnung der Zugnummern:
D 300/301 Nachtzug München – Berlin (seit 1971 als D 494/495)
D 302/303 Tageszug München – Berlin (seit 1971 als D 490/491)
D 402/403 Nürnberg – Leipzig (seit 1971 als D 1058/1059)

Ab 05.07.1973 **„Kleiner Grenzverkehr"** mit neu eingelegtem Zugpaar **E 2002/2007** (Lichtenfels –) Ludwigsstadt – Saalfeld. Zunächst tgl., ab Herbst 3 x wöchentlich, zu den Festtagszeiten zeitweise tgl. Ab 1977 wegen schwacher Nachfrage nur noch 2 x wöchentlich (Sa+So). Verkehrt in der Form bis 1990.

1979
Autoreisezug München Ost – Berlin (seit 1974 bei der DB als Dk 9500/ 9501) neu als **D 1306/1307** „Spree-Alpen-Express" 1 x wöchentlich. Mit Wagengruppen Innsbruck und Villach – Berlin (Zusammenlegung mit bisherigem Reisebüro-Zug von 1962). Alle Wagen von der DR gestellt.

1983
Neuer saisonaler Nachtzug **D 1300/1301** München – Berlin 1 x wöchentlich (Entlastungszug für D 300/301). Dafür bisheriger Nachtzug 1300/1301 über Hof gestrichen. Entfällt 1987.

1988
Neues Tageszugpaar **D 306/307** Nürnberg – Berlin. Mit Speisewagen Probstzella – Berlin

Neues Tageszugpaar **D 1402/1403** Nürnberg – Erfurt. Im Sommer tgl., im Winter saisoniert. Entfällt 1989.

1989
Ab 17.11.1989 neuer Nachtzug **D 1101/1100** Berlin-Lichtenberg – München. 1990 als D 1401/1400 mit Liegewagen. Verkehrt bis 1991.

1990
Neu: **IR 400/401** Nürnberg – Leipzig, **IR 402/403** München – Leipzig
Neu: **D 1407/1408** Gera – Nürnberg, **D 1405/1406** Jena – Lichtenfels
Neu: **D 405/404** Warschau – Dresden – München im Sommer täglich, im Winter 2 x wöchentlich. Verkehrte bisher über Hof und wird 1991 auf diese Route zurückverlegt.
D 402/403 Nürnberg – Leipzig wieder mit den Nummern **D 1402/1403.**
E 2004/2005 Lichtenfels – Saalfeld täglich. Entfällt 1991.

1991
Entfall aller Verkehrshalte in Ludwigsstadt bei den D-Zügen.
Neben dem Nachtzug D 300/301 (München – Berlin) verkehrt ein neuer Nachtzug **D 308/309** Konstanz – Stuttgart – Berlin.
3 Tages-D-Zugpaare in der Relation München – Berlin, eines am Wochenende verlängert ab/bis Garmisch-Partenkirchen.
Wie bisher zwei IR-Zugpaare:
IR 402/403 München – Leipzig,
IR 406/407 Nürnberg – Leipzig, dazu:
D 1402/1403 Nürnberg – Leipzig

„Spree-Alpen-Express" jetzt als **D 1283/1282** Berlin – Meran mit Wagen für München Ost, Innsbruck. Zusätzlich **D 1309/1308** 1 x wöchentlich im Sommer Berlin – Klagenfurt

1992
Neue Zugnummern für die Nachtzüge: D 1900/1901 München – Berlin, **D 1904/1905** Konstanz/Stuttgart – Berlin; beide Zugpaare verkehren nicht von Sa auf So (dann Umleitung wegen Bauarbeiten über Hof)

Neu strukturiertes Angebot mit **IC-Zügen München – Leipzig – Berlin** im 2-Stunden-Takt (8 Zugpaare). Alle bisherigen Tages-D- und IR-Züge entfallen.

1993
IC 702/703 „Thomaner" wird ersetzt durch **EC 10/11 „Mimara"** (Zagreb – München – Leipzig).
Neuer Autoreisezug **AE 1582/1583** „Brandenburger Tor" Kornwestheim – Berlin 1 x wöchentlich. Entfällt 1995.
Neues **IR**-Zugpaar **2202/2203** Nürnberg – Berlin. Entfällt 1996.
Zusätzlicher Entlastungszug **D 2207** Berlin – Nürnberg sonntags in Tagesrandlage. Entfällt 1994.
Tagesrand-Zugpaar IC 700/701 wird um eine Stunde verlegt.

Wegen der Bauarbeiten verkehren bis 1994 einige saisonale Nachtzüge über Hof (Saale).

1994
Nachtzugpaar München – Berlin als **„ICN 1900/1901 Intercitynight"** neu mit Talgo-Garnitur.
Nachtzug **D 1904/1905** Konstanz –/ Stuttgart – Nürnberg – Probstzella – Berlin entfällt.

1995
Aufnahme des durchgehend zweigleisigen Betriebs zwischen Saalfeld und Probstzella, elektrischer „Lückenschluss" Probstzella – Camburg. Alle Züge auf der Frankenwaldbahn verkehren von nun an durchgehend elektrisch. Die Lokwechsel sowie die Verkehrshalte in Probstzella entfallen bei den Fernverkehrszügen gänzlich. Die Fahrzeit Saalfeld – Lichtenfels verkürzt sich um 15 Minuten.
Der bisher über Hof fahrende Nachtzug **D 1906/1907** Stuttgart – Berlin verkehrt neu über Probstzella.
Josef Mauerer

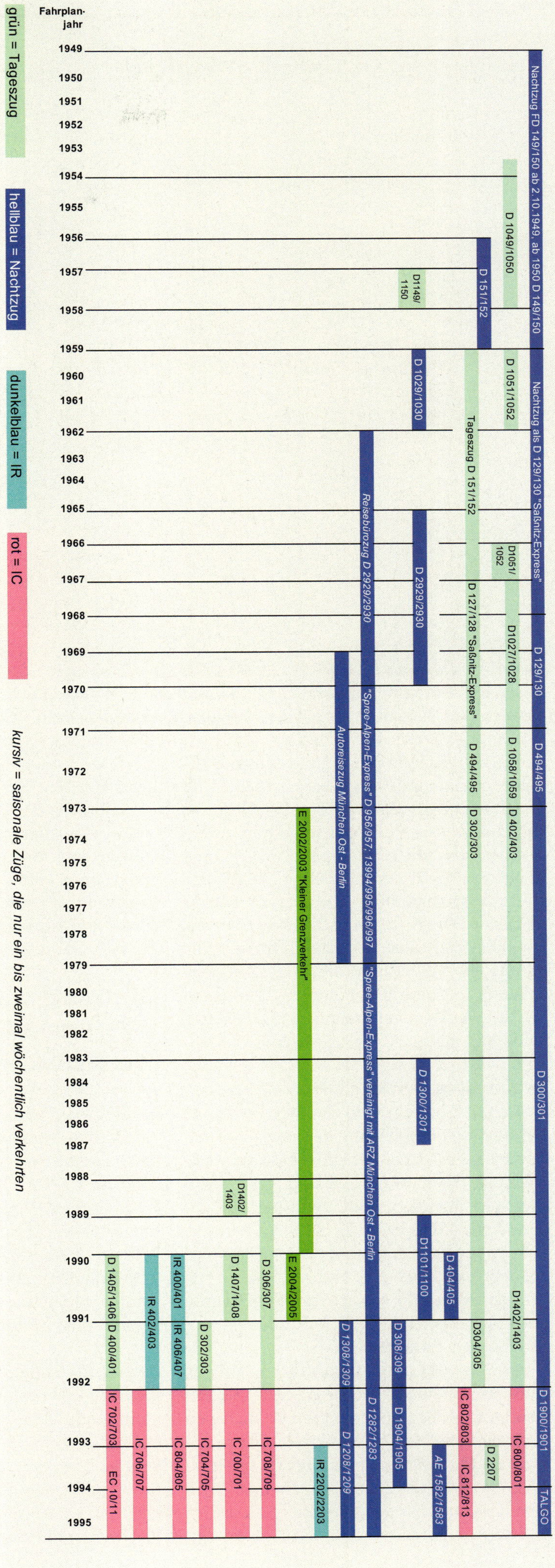

So sah der klassische Frankenwaldbahn-Nahverkehr der 1970er- und frühen 1980er-Jahre aus: Im Oktober 1979 bespannt 144 088 einen Zug nach Ludwigsstadt, aufgenommen auf der Trogenbachbrücke. Gleich hat die Garnitur den Ziel- und Endbahnhof erreicht Georg Wagner

Wegen geringer Besetzung wurden die Verkehrstage des Eilzugpaars im Laufe der Zeit stark eingeschränkt. Bereits ab Herbst 1973 fuhren die Züge nur noch mittwochs, sonnabends und sonntags. Zum Winterfahrplan 1976/77 entfiel auch der Mittwoch. Nur um Weihnachten und Ostern gab es weiterhin einige zusätzliche Betriebstage. Dennoch hielt sich der „Bahr-Express"; so nannte der Volksmund die Eilzüge in Anspielung auf den SPD-Politiker Egon Bahr, der den Verkehrsvertrag mit der DDR ausgehandelt hatte.

Regional- und Nahverkehr Ost

Zwischen Saalfeld und Probstzella setzte die Deutsche Reichsbahn der sowjetisch besetzten Zone bzw. DDR zunächst Personenzüge ein. Bereits für 1946 sind fünfeinhalb Zugpaare angegeben; die Zahl stieg im Lauf der 1950er-Jahre leicht an, zum Teil kam ein Eilzugpaar hinzu. Auch diese Züge des DDR-Binnenverkehrs fuhren in den (Grenz-)Bahnhof Probstzella. Einige hatten noch verlängerte Laufwege Richtung Sonneberg oder Rudolstadt.

Mit dem Mauerbau und der nochmals deutlich verschärften Abgrenzung nach Westen ab 1961 schottete die DR auch den Regional- und Nahverkehr im Raum Probstzella ab. Personen- wie Eilzüge nahmen ab 1962 den Weg über die neu errichtete Umgehungskurve zur Strecke nach Sonneberg und den 700 Meter vom Bahnhof Probstzella entfernt angelegten Haltepunkt Probstzella. Bei den Laufwegen gab es keine gravierenden Änderungen (siehe Kasten).

Eine Ausnahme stellte seit den 1960er-Jahren ein nächtliches Personenzugpaar zwischen Saalfeld und Probstzella dar. Es lief in Probstzella den Grenzbahnhof an (nicht den Haltepunkt an der Umgehungskurve) und diente nur für Reisende aus der/in die DDR als Zu- bzw. Abbringer für die Nachtzüge München – Berlin. 1965 hatten diese Personenzüge die Zugnummern 4829/4830, ab 1974 die Nummern 5001/5002. Die Fahrzeiten im Winterfahrplan 1979/80 lauteten: Saalfeld Abfahrt 1:19 Uhr, Probstzella Ankunft 1:43 Uhr, Abfahrt 4:03 Uhr; Saalfeld Ankunft 4:28 Uhr. Zwischenhalte bestanden nicht. Im DR-Kursbuch für den Binnenverkehr wurde der Zug nicht angegeben.

Von 1961 an wurde der Regional- und Nahverkehr in Probstzella vom Grenzbahnhof abgeschottet

Regional- und Nahverkehr West

In der amerikanischen Besatzungszone nahm man den Personenverkehr Anfang 1946 mit je einem Personenzugpaar Nürnberg – Ludwigsstadt, Lichtenfels – Ludwigsstadt und Lichtenfels – Pressig-Rothenkirchen auf. Dazu kam ein Güterzug mit Personenbeförderung zwischen Pressig-Rothenkirchen und Ludwigsstadt. Ab Sommer 1946 wurde der Reisezugverkehr mit zwei Paaren (sonnabends nur eines) zwischen Ludwigsstadt und Lauenstein erweitert, wobei dort wegen fehlender Umsetz- bzw. Gleiswechselmöglichkeit die Züge stets in einer Richtung als Sperrfahrt geschoben werden mussten.

In den Folgejahren bauten Reichsbahn (West) und nachfolgend Bundesbahn den Regional- und Nahverkehr zunächst weiter aus. Mit eingebunden waren noch die Haltepunkte Falkenstein an der Grenze (siehe Kasten S. 48) und Lauenstein. Zudem setzte die DB Binneneilzüge ein – sie kosteten bis 1954 Zuschlag und zählten bis dahin auch zum Fernverkehr.

Im Sommer 1951 war der Haltepunkt Falkenstein (im Kursbuch: Falkenstein Zonengrenze) in das Zugangebot noch voll und ganz eingebunden. Dorthin fuhren zwei Eilzugtriebwagen von Nürnberg, ein lokbespannter Eilzug von München, vier Personenzüge, die über die Frankenwaldbahn gekommen waren, sowie ein Personenzug-Triebwagen (T) aus Ludwigsstadt. Der Haltepunkt Lauenstein wurde von zwei weiteren Personenzügen über die Frankenwaldbahn angefahren, außerdem verkehrten vier Personenzüge nach Ludwigsstadt (einer nicht täglich) und zwei Personenzüge auf südlichen Abschnitten der Strecke. In der Gegenrichtung begann nur ein Eiltriebwagen nach Nürnberg in Falkenstein, der

Fernverkehr auf der Frankenwaldbahn Anfang der 1990er-Jahre: Links steht 132 462 mit D 302 München – Berlin abfahrbereit in Probstzella (März 1991), rechts kommt 111 006 mit IR 402 München – Leipzig durch Kronach (Mai 1990) Rolf Schierer (2)

Überblick

Fahrplanvergleich Nürnberg – Saalfeld 1990–1993

Sommer 1990

km	Zug-Nr		D 300	IR 400	IR 402	D 302	D 1402	E 2004	D 306	D 1406	D 1408	D 1400	D 404
	Verkehrstag		tgl	tgl	tgl	tgl	tgl	tgl	tgl	tgl	tgl	tgl	tgl
	erstes Verkehrsjahr		1949	1990	1990	1959	1966	1990	1988	1990	1990	1989	1990
km	von		München	Nürnberg	München	München	Nürnberg	Lichtenfels	Nürnberg	Lichtenfels	Nürnberg	München	München
0	Nürnberg Hbf		0:29	6:13	8:39	10:06	10:29		15:32		17:37	19:11	20:09
62	Bamberg	an	1:06	6:48	9:13	10:51	11:09		16:17		18:23	19:54	20:50
	Bamberg		1:08	6:49	9:15	10:54	11:11		16:21		18:25	20:02	20:52
94	Lichtenfels	an	1:24	7:05	|	11:12	11:28		16:39		18:43	20:19	21:11
	Lichtenfels		1:25	7:06	|	11:14	11:30	13:01	16:41	18:02	18:45	20:21	21:13
118	Kronach		1:40	7:24	|	11:29	11:45	13:21	16:57	18:18	19:01	20:37	21:28
132	Pressig-Rothenkirchen		|	|	|	11:42	11:55	13:34	17:08	18:28	19:11	20:52	21:39
	Ludwigsstadt	an	2:06	7:50	10:14	11:58	12:11	13:51	17:26	18:45	19:27	21:11	21:56
	Ludwigsstadt		2:08	7:53	10:17	12:00	12:24	13:54	17:29	18:48	19:30	21:18	21:59
157	Probstzella	an	2:15	8:00	10:24	12:07	12:31	14:01	17:36	18:55	19:37	21:25	22:06
	Probstzella		2:42	8:30	10:53	12:19	13:06	14:26	18:00	19:29	20:12	21:57	22:46
182	Saalfeld	an	|	8:54	11:23	|	13:31	15:07	|	20:00	20:37	22:22	|
	nach		Berlin	Leipzig	Leipzig	Berlin	Leipzig	Saalfeld	Berlin	Jena	Gera	Berlin	Warschau

Fahrplan 1991/92

km	Zugtyp		D 300	D 308	IR 406	D 306	IR 402	D 304	D 1402	D 302	D 400
	Verkehrstag		tgl	tgl	tgl	tgl	tgl	tgl	tgl	tgl	tgl
km	von		München	Konstanz	Nürnberg	München	München	München[1]	Nürnberg	München	München
0	Nürnberg Hbf		0:29	1:30	6:20	8:42	9:45	11:49	14:41	16:50	18:49
62	Bamberg	an	1:07	|	6:59	9:23	10:22	12:25	15:22	17:29	19:24
	Bamberg		1:09	|	7:01	9:25	10:24	12:27	15:24	17:31	19:26
94	Lichtenfels	an	1:25	|	7:19	9:43	10:42	12:43	15:42	17:47	19:42
	Lichtenfels		1:27	|	7:21	9:45	10:44	12:45	15:44	17:48	19:43
118	Kronach		1:43	|	7:40	10:06	|	|	16:00	18:04	19:59
132	Pressig-Rothenkirchen		|	|	|	|	|	|	|	|	|
	Ludwigsstadt		|	|	|	|	|	|	|	|	|
157	Probstzella	an	+2:15	3:04	8:11	10:39	11:29	13:31	16:33	18:38	20:30
	Probstzella		+2:35	3:16	8:25	10:52	11:44	13:43	16:45	18:54	20:44
182	Saalfeld	an	3:02	3:43	8:52	11:19	12:11	14:10	17:12	19:21	21:11
	nach		Berlin	Berlin	Leipzig	Berlin	Leipzig	Berlin	Leipzig	Berlin	Leipzig

Fahrplan 1992/93

km	Zugtyp		D 1900	D 1904	IC 804	IC 708	IC 706	IC 802	IC 800	IC 704	IC 702	IC 700
	Verkehrstag		Mo-Sa	Mo-Sa	tgl	tgl	tgl	tgl	tgl	tgl	tgl	So-Fr
km	von		München	Konstanz	Nürnberg	München	München	München[1]	München[1]	München		München
0	Nürnberg Hbf		0:30	0:36	6:39	8:40	10:40	12:40	14:40	16:40	18:40	20:40
62	Bamberg	an	|	1:15	7:13	9:12	11:12	13:12	15:12	17:12	19:12	21:12
	Bamberg		|	1:17	7:14	9:14	11:14	13:14	15:14	17:14	19:14	21:14
94	Lichtenfels	an	|	1:33	7:29	9:29	11:29	13:29	15:29	17:29	19:29	21:29
	Lichtenfels		|	1:35	7:30	9:30	11:30	13:30	15:30	17:30	19:30	21:30
118	Kronach		|	1:52	|	|	|	|	|	|	|	|
132	Pressig-Rothenkirchen		|	|	|	|	|	|	|	|	|	|
	Ludwigsstadt		|	|	|	|	|	|	|	|	|	|
157	Probstzella	an	2:05	2:27	8:16	10:16	12:16	14:16	16:16	18:16	20:16	22:16
	Probstzella		2:17	2:39	8:30	10:30	12:30	14:30	16:30	18:30	20:30	22:30
182	Saalfeld	an	2:41	3:08	8:54	10:54	12:54	14:54	16:54	18:54	20:54	22:54
	nach		Berlin	Berlin	Berlin	Berlin	Berlin	Berlin	Berlin	Berlin	Leipzig	Halle (S)

D 300, 302, 306 hatten bis 1. Juli 1990 noch Transitzug-Status (ohne Verkehrshalte in Saalfeld)
München[1] = Zug hatte am Wochenende z. T. andere (touristische) Ausgangsbahnhöfe
Die Nachtzüge D 1900 und D 1904 verkehrten 1992/93 sonntags wegen Bauarbeiten über Hof

Internationales Flair auf den 88 Kilometern Strecke durch den Frankenwald: Zum Sommer 1993 wird der EC „Mimara" Leipzig – München – Zagreb eingelegt (Bild bei Stockheim (Oberfr)) C. Gloël

Blick auf den Betrieb gut dreieinhalb Jahre zuvor: Die Wochen nach dem Mauerfall brachten der Frankenwaldbahn ein noch nie dagewesenes Aufkommen im Reiseverkehr. Am 15. Dezember 1989 stehen im Bahnhof Kronach D 303 Berlin – München (r.) sowie zwei Sonderzüge (l.) Rolf Schierer

andere sowie der Eilzug nach München wurden erst ab Ludwigsstadt nominell so bezeichnet – den Weg von Falkenstein dorthin legten sie als Personenzug zurück. Apropos Ludwigsstadt: Der erste Personenzug nach Süden fuhr dort um 3:06 Uhr morgens ab und hatte in Lichtenfels Anschluss an einen Eilzug Coburg – München; mit diesem traf man um 10:16 Uhr in der bayerischen Landeshauptstadt ein.

Die kurze Blüte des 1949 eingerichteten Haltepunktes Falkenstein endete am 1. Oktober 1951 mit der Schließung des dortigen Straßen-Grenzübergangs. Daraufhin reduzierte die DB das lokale Verkehrsangebot ab Lauenstein erheblich (siehe Kasten). Zwischen Ludwigsstadt und Lauenstein bestand weiterhin ein gutes Fahrtenangebot mit etwa zehn Verbindungen pro Tag und Richtung. Darin waren allerdings auch die jeweiligen direkten Rückleistungen enthalten, die in der Praxis kaum besetzt waren, sich aber aus betrieblichen Gründen – Sperrfahrten zwischen Ludwigsstadt und Lauenstein – als unumgänglich erwiesen. Nach Falkenstein fuhr im Sommer 1958 bloß sonntags ein Personenzug ab Ludwigsstadt. In der Gegenrichtung gab es den Eilzug Falkenstein – Nürnberg sowie einen Personenzug Falkenstein – Ludwigsstadt. Auffällig ist bei dem Angebot Ende der 1950er-Jahre noch, dass die DB verschiedentlich die Verkehrszeiten eingeschränkt hatte. Mehrere Züge fuhren nicht mehr an Sonn- und Feiertagen. Die Frühverbindung Ludwigsstadt – München mit Umsteigen in Lichtenfels gab es aber auch hier, nun mit der Abfahrt in Ludwigsstadt um 2:36 Uhr.

In den 1970er- und 1980er-Jahren reduzierte die DB den Nahverkehr. Dann kam die Grenzöffnung

Nach 1958 zog die DB die Triebwagen vom Eilzugdienst auf der Frankenwaldbahn ab – was per se keine Einschränkung bedeutete. Ein Einschnitt folgte jedoch zum Sommerfahrplan 1959, als die DB diverse Kürzungen vornahm. Auf der Frankenwaldbahn bzw. Teilabschnitten wurden mehrere Personenzüge in Tagesrandlage gestrichen. Quasi als Ersatz bekamen Eilzugverbindungen weitere Verkehrshalte, etwa in Gundelsdorf und Förtschendorf, und wurden zu Personenzügen herabgestuft. Nur ein Eilzug verblieb, und nach seiner Umwandlung zu einem Nahverkehrszug 1969 war die Frankenwaldbahn einige Jahre eilzugfrei. Der „Kleine Grenzverkehr" ab 1973 und ab 1986 ein Zugpaar für den Berufsverkehr auf dem Abschnitt Bamberg – Lichtenfels – Kronach sollten das wieder ändern. Die Verbindung nach München aber stellten seither nur noch die D-Züge her.

Zum 30. Mai 1965 hatte die DB noch die Haltepunkte Lauenstein und Falkenstein für den Schienenverkehr stillgelegt. Seitdem war Ludwigsstadt der nördliche Endpunkt für den Nah- und Bezirksverkehr auf der bundesrepublikanischen Seite der Frankenwaldbahn.

In den 1970er- und 1980er-Jahren kürzte die Bundesbahn das Angebot auf der Schiene weiter, namentlich an den Wochenenden. Betroffen waren davon Nahverkehrszüge zwischen Lichtenfels und Ludwigsstadt bzw. auf Teilabschnitten. Die entfallenden Züge wurden anfangs durch Busse (mit längeren Fahrzeiten) ersetzt. Später kam es auch vor, dass die DB keinen Ersatz anbot.

Im Sommer 1987 fuhren im Nahverkehr zwischen Pressig-Rothenkirchen und Ludwigsstadt werktags außer sonnabends sieben, samstags fünf und an Sonn- und Feiertagen viereinhalb Zugpaare. Nördlich von Kronach wurde damit vor allem der Berufs- und Schülerverkehr bedient. Angesichts dessen konnte man als Reisender durchaus den Eindruck bekommen, im Zonenrandgebiet rund um Ludwigsstadt vom übrigen Geschehen abgekoppelt zu sein.

Fern- und Regionalverkehr ab Herbst 1989

Doch dann geschah etwas, womit niemand gerechnet hatte: der Mauerfall im Herbst 1989. Nach der Grenzöffnung am Falkenstein erreichte der grenzüberschreitende Personenverkehr im November 1989 ungeahnte Dimensionen. Sonderzüge mit bis zu 2.000 Reisenden verließen den Bahnhof Probstzella in Richtung Ludwigsstadt. Die Fahrscheine für den internationalen Verkehr von Probstzella nach Ludwigsstadt kosteten 3,20 Mark und waren im Nu vergriffen. Bis 12. Dezember 1989 wurden 205.351 Bahnreisende am Übergang Probstzella/Ludwigsstadt gezählt.

Schon am 11. November 1989 setzte die DR kurzfristig den Sonderzug D 12301 Saalfeld – Nürnberg ein, der am frühen Morgen um 3:41 Uhr im Bahnhof Ludwigsstadt eintraf – mit 384 Reisenden an Bord! Parallel dazu wurden die Eilzüge des „Kleinen Grenzverkehrs" (E 2002/2007) aufgestockt und von DB und DR ein zweites Eilzugpaar Lichtenfels – Rudolstadt (E 2006/2003) vereinbart.

Überblick

Fahrplanvergleich Saalfeld – Nürnberg 1990–93

Sommer 1990

km	Zugnummer		D 301	D 1401	D 405	D 1405	D 1407	D 1403	D 303	E 2005	D 307	IR 403	IR 401
	Verkehrstag		tgl	tgl	tgl	tgl	tgl	tgl	tgl	tgl	tgl	tgl	tgl
	erstes Verkehrsjahr		1949	1989	1990	1990	1990	1966	1959	1990	1988	1990	1990
	von		Berlin	Berlin	Warschau	Jena	Gera	Leipzig	Berlin	Saalfeld	Berlin	Leipzig	Leipzig
0	Saalfeld	ab	|	3:18	|	7:17	7:59	10:27	|	15:26	|	17:34	18:27
25	Probstzella	an	2:34	3:47	6:03	7:44	8:27	10:51	11:28	15:52	16:41	17:58	18:51
	Probstzella	ab	3:10	4:08	6:50	8:04	8:59	11:14	11:41	16:11	17:08	18:18	19:04
32	Ludwigsstadt	an	3:17	4:16	6:57	8:11	8:56	11:21	11:48	16:17	17:15	18:25	19:11
	Ludwigsstadt	ab	3:23	4:19	7:00	8:14	8:59	11:24	11:51	16:20	17:20	18:28	19:13
50	Pressig-Rothenkirchen		3:40	4:38	7:17	8:32	9:16	11:42	12:08	16:36	17:36	|	|
64	Kronach		3:50	4:48	7:36	8:42	9:26	11:58	12:18	16:58	17:46	19:02	|
88	Lichtenfels	an	4:06	5:04	7:51	8:56	9:40	12:12	12:31	17:18	17:59	|	19:50
	Lichtenfels	ab	4:08	5:06	7:54		9:42	12:14	12:33		18:01	|	19:51
120	Bamberg	an	4:25	5:24	8:15		10:01	12:32	12:51		18:20	19:32	20:10
	Bamberg	ab	4:27	5:26	8:17		10:03	12:34	12:53		18:22	19:34	20:11
144	Forchheim		|	|	|		|	|	13:08		18:36	|	|
159	Erlangen		4:48	5:58	8:39		10:27	12:58	13:19		18:47	19:55	20:32
175	Fürth Hbf		5:01	6:11	8:56		10:41	13:10	13:30		19:00	|	|
182	Nürnberg Hbf	an	5:08	6:20	9:03		10:48	13:17	13:37		19:07	20:10	20:47
	nach		München	München	München	Lichtenfels	Nürnberg	Nürnberg	München	Lichtenfels	Nürnberg	München	Nürnberg

Fahrplanperiode: 1991/92

km	Zugtyp		D 309	D 301	D 401	D 303	D 1403	D 305	IR 403	D 307	IR 407
	Verkehrstag		tgl	tgl	tgl	tgl	tgl	tgl	tgl	tgl	tgl
	von		Berlin	Berlin	Leipzig	Berlin	Leipzig	Berlin	Leipzig	Berlin	Leipzig
0	Saalfeld	ab	0:43	2:07	8:53	10:25	10:36	14:24	17:22	19:23	20:17
25	Probstzella	an	1:08	2:33	9:19	10:50	11:16	14:50	17:47	19:49	20:42
	Probstzella	ab	1:22	2:46	9:31	11:03	11:31	15:02	18:02	20:04	20:58
32	Ludwigsstadt		|	|	|	|	|	|	|	|	|
50	Pressig-Rothenkirchen		|	|	|	|	|	|	|	|	|
64	Kronach		|	3:19	10:04	11:35	12:03	15:36	|	20:39	21:31
88	Lichtenfels	an	|	3:34	10:18	11:50	12:17	15:50	18:48	20:54	21:46
	Lichtenfels	ab	|	3:36	10:20	11:52	12:19	15:52	18:50	20:55	21:48
120	Bamberg	an	|	3:55	10:37	12:11	12:36	16:09	19:07	21:13	22:04
	Bamberg	ab	|	3:57	10:39	12:13	12:38	16:11	19:09	21:14	22:06
144	Forchheim		|	|	|	|	|	|	|	|	|
159	Erlangen		|	4:25	11:00	12:36	12:59	16:33	19:32	21:36	22:27
175	Fürth Hbf		|	4:36	|	|	13:10	16:44	|	21:48	22:38
182	Nürnberg Hbf	an	3:06	4:44	11:15	12:52	13:17	16:52	19:52	21:55	22:45
	nach		Konstanz	München	München	München[1]	Nürnberg	München	München	München	Nürnberg

Fahrplanperiode 1992/93

km	Zugtyp		D 1901	D 1905	IC 701	IC 703	IC 801	IC 803	IC 705	IC 707	IC 709	IC 805
	Verkehrstag		Mo-Sa	Mo-Sa	Mo-Sa	tgl	tgl	tgl	tgl	tgl	tgl	tgl
	von		Berlin	Berlin	Halle (S)	Leipzig	Berlin	Berlin	Berlin	Berlin	Berlin	Berlin
0	Saalfeld	ab	2:07	2:46	7:03	9:03	11:03	13:03	15:03	17:03	19:03	21:03
25	Probstzella	an	2:37	3:11	7:28	9:28	11:28	13:28	15:28	17:28	19:28	21:28
	Probstzella	ab	2:56	3:26	7:42	9:42	11:42	13:42	15:42	17:42	19:42	21:42
32	Ludwigsstadt		|	|	|	|	|	|	|	|	|	|
50	Pressig-Rothenkirchen		|	|	|	|	|	|	|	|	|	|
64	Kronach		|	3:59	|	|	|	|	|	|	|	|
88	Lichtenfels	an	|	4:14	8:25	10:25	12:25	14:25	16:25	18:25	20:25	22:25
	Lichtenfels	ab	|	4:16	8:26	10:26	12:26	14:26	16:26	18:26	20:26	22:26
120	Bamberg	an	|	4:34	8:41	10:41	12:41	14:41	16:41	18:41	20:41	22:41
	Bamberg	ab	|	4:36	8:43	10:43	12:43	14:43	16:43	18:43	20:43	22:42
144	Forchheim		|	|	|	|	|	|	|	|	|	|
159	Erlangen		|	5:04	9:03	11:03	13:03	15:03	17:03	19:03	21:03	23:01
175	Fürth Hbf		|	5:18	|	|	|	|	|	|	|	23:11
182	Nürnberg Hbf	an	4:44	5:26	9:18	11:18	13:18	15:18	17:18	19:18	21:18	23:18
	nach		München	Konstanz	München	München	München[1]	München[1]	München	München	München	Nürnberg

D 301, 303, 307 hatten bis 1. Juli 1990 noch Transitzug-Status (ohne Verkehrshalte in Saalfeld)

München[1] = Zug hatte am Wochenende z. T. andere (touristische) Zielbahnhöfe

Die Nachtzüge D 1901 und D 1905 verkehrten 1992/93 sonntags wegen Bauarbeiten über Hof

Der „Durchlass“ am Grenzübergang Falkenstein war eines der beliebtesten Foto-Motive zu Zeiten der Teilung; hier im August 1982 mit 140 839 und D 403 Leipzig – Nürnberg Jürgen Hörstel, Dr. B. Rampp (r.)

Im März 1992 steht 141 383 mit N 6713 nach Lichtenfels in Probstzella bereit. Die Absperrungen im einstigen Grenzbahnhof sind nur noch Staffage; Nahverkehrszüge befahren längst wieder die gesamte Frankenwaldbahn

Diese Züge und die etlichen Sonderzüge wurden aber dem riesigen Reisendenaufkommen kaum gerecht. Die Wagen waren auch in den nächsten Wochen fast immer überbesetzt. Reichsbahner und Bundesbahner leisteten Außergewöhnliches, um den Verkehrsströmen Herr zu werden. Fast täglich änderten sich die Fahrpläne und natürlich auch die Dienstpläne. Die Bundesbahn organisierte wegen des enormen Bedarfs auch Wagen von ausländischen Bahnverwaltungen. Die Reichsbahn setzte Doppelstockwagen ein, die aber nur mit verminderter Geschwindigkeit fahren konnten, weil die Wagenkästen wegen der Überlast an Reisenden beinahe auf den Drehgestellen aufsaßen.

In den ersten Monaten der Improvisation wurde das Angebot laufend erweitert: Waren im Sommer 1989 noch zwölf grenzüberschreitende Reisezüge im Fahrplan verzeichnet, so stieg die Zahl im November 1989 auf

Nach 1990 wuchs das Verkehrsangebot spürbar. Über 20 Jahre profitierte die Strecke davon

14 und im Januar 1990 auf 20 Züge, im Sommer 1990 schließlich auf 22. 1991 gab es zum Teil eine Neuverteilung der Züge, die Verkehrshalte der Fernzüge in Ludwigsstadt entfielen ganz. 1992 wurde das Angebot im Fernverkehr vollkommen neu strukturiert mit einer Intercity-Linie München – Nürnberg – Leipzig – Berlin. Mit dem Zwei-Stunden-Takt verkehrten insgesamt 16 IC-Züge, dazu kamen noch vier Nacht-D-Züge. Mit 20 regelmäßig verkehrenden Fernreisezügen wurde damit auch das Standard-Vorkriegsangebot knapp übertroffen (allerdings ohne Berücksichtigung der zusätzlichen Saisonzüge von 1938 und 1939). Die Frankenwaldbahn war in die Riege der bedeutenden Magistralen zurückgekehrt und knüpfte wieder an die großen Zeiten von einst an.

Während sich das Fernzug-Angebot schon zum Sommer 1990 ungefähr verdoppelt hatte, gab es im Nahverkehr vorerst wenig Änderungen. Von Süden her blieb Ludwigsstadt noch der Endpunkt – erst ab 1991 verkehrte der größere Teil der Nahverkehrszüge weiter bis Saalfeld oder zumindest Probstzella, die Trennung im Verkehrsangebot war überwunden. Den Regionalverkehr ordneten Bundesbahn und Reichsbahn insoweit neu, als es nunmehr eine Reihe von Eilzügen zwischen Lichtenfels und Probstzella gab, die in den Fahrplanlücken durch Nahverkehrsverbindungen ergänzt wurden.

Die Entwicklung nach 1995

Mehr als zwei Jahrzehnte sollte die Frankenwaldbahn von den neuen Verhältnissen profitieren, bevor im Dezember 2017 die Neubaustrecke Ebensfeld – Erfurt den gesamten Fernreiseverkehr München – Berlin übernahm. Über Lichtenfels – Saalfeld verkehren noch einzelne IC Karlsruhe – Leipzig, und immerhin: Der Nah- und Regionalverkehr verbindet die Orte an der Frankenwaldbahn auch heute im Stundentakt. 2013 richtete die DB AG mit ET 442 unter anderem einen zweistündlichen RE Nürnberg – Jena ein, den sie im Dezember 2017 bis Leipzig verlängerte. Davon, dass es einmal eine Trennung und Einschränkungen im Reisezugbetrieb gab, ist nirgendwo mehr etwas zu spüren.

Stichwort

Haltepunkt Falkenstein

„München Hbf – Falkenstein“! Dieser heute kaum mehr vorstellbare Zuglauf auf der Frankenwaldbahn verdankte seine Entstehung der politischen Entwicklung zwischen beiden deutschen Staaten. Nach dem Ende der Berlin-Blockade im Mai 1949 setzte die Reichsbahn (Ost) ab 25. August 1949 montags, mittwochs und sonnabends ein Schnelltriebwagenpaar FDt 79/80 zwischen Berlin Friedrichstraße und Probstzella ein. Die RBD Nürnberg reagierte rasch und verlängerte an jenen Tagen den E 551 von Nürnberg bis Falkenstein. Von dort ging es zu Fuß über die Grenze – der Bahnhof Probstzella lag ja keine zwei Kilometer entfernt.

Vom 1. September 1949 an erklärte die RBD Nürnberg die kleine Station zum regulären Haltepunkt, der nun auch in den Kursbüchern erscheinen sollte. Die baulichen Anlagen waren bescheiden: Südlich des noch in der Bundesrepublik gelegenen beschrankten Bahnübergangs entstanden auf dem Planum des demontierten zweiten Streckengleises ein Bahnsteig und eine Unterstellmöglichkeit aus alten Wagenkästen. Nördlich davon waren schon vorher Baracken für Grenzpolizei und Zoll errichtet worden.

Wenig später begann die kurze Blütezeit des Haltepunktes Falkenstein. Nahezu alle zuvor in Lauenstein endenden oder beginnenden Züge fuhren nun bis/ab Grenze durch. 1950 liefen nicht weniger als drei Eil- und fünf Personenzugpaare Falkenstein an!

Am 1. Oktober 1951 wurde der benachbarte Straßenübergang geschlossen, woraufhin die DB fast alle Zugfahrten zwischen Lauenstein und Falkenstein strich. Es verblieb lediglich ein tägliches Paar am frühen Nachmittag. In erster Linie wegen des Ausflugsverkehrs fuhren sonn- und feiertags zwei weitere Zugpaare, wobei der abendliche ET 584 durchgehend von Falkenstein bis Nürnberg lief. Vor lokbespannten Zügen waren in der Regel E 18 oder E 19 eingesetzt. Am 5. Oktober 1952 schaltete die DB die Blockstelle Falkenstein betrieblich aus. Am 30. Mai 1965 wurde der Haltepunkt (wie auch der Haltepunkt Lauenstein) für den Schienenverkehr stillgelegt. *Ulrich Rockelmann/GM*

Mit bis zu 29 Promille Neigung überwindet die Strecke die Höhenzüge des Frankenwalds. Das und das seinerzeit noch geringe Zugaufkommen prädestinierten die Verbindung Pressig-Rothenkirchen – Steinbach – Ludwigsstadt für Probefahrten. Am 27. September 1988 muss sich die Bundesbahn-Drehstromlok 120 109 mit mehreren 194ern im Schlepp in der Steigung beweisen (Foto bei Förtschendorf) Rolf Schierer

Eigenheiten der Strecke

Frankenwald-Spezialitäten

Freilich, als einzige elektrifizierte Verbindung zur Reichsbahn hatte die Strecke Lichtenfels – Probstzella schon eine gewisse Sonderstellung im Bundesbahn-Netz inne. Es gab aber noch ein paar Eigenschaften mehr, die aus dem damaligen Betriebsdienst erwähnenswert sind

Er sieht ein bisschen aus wie ein Hexenhäuschen: der kleine Lokschuppen der Lokstation Kronach. Bis in die 1980er-Jahre wurde er noch genutzt, unter anderem für V 60 und Kleinloks. Auf dem Foto hat der Bau allerdings schon den zweiten Rauchabzug eingebüßt Christian Gloël

Neben den Culemeyer-Transporten zwischen Tettau und Steinbach am Wald gab es weitere Transporte des Kombinierten Verkehrs. Hier der Haus-zu-Haus-Behälterverkehr der Bundesbahn in Neuses bei Kronach (aufgenommen im März 1987) Rolf Schierer

Noch in den 1980er-Jahren versandten einige Betriebe Güter mit der Bahn. Das Siemens-Isolatorenwerk in Redwitz an der Rodach, 1950 als Ersatz für ein enteignetes Werk bei Sonneberg geschaffen, verfügte sogar über eine eigene Rangierlok (Foto vom Sept. 1986) Rolf Schierer

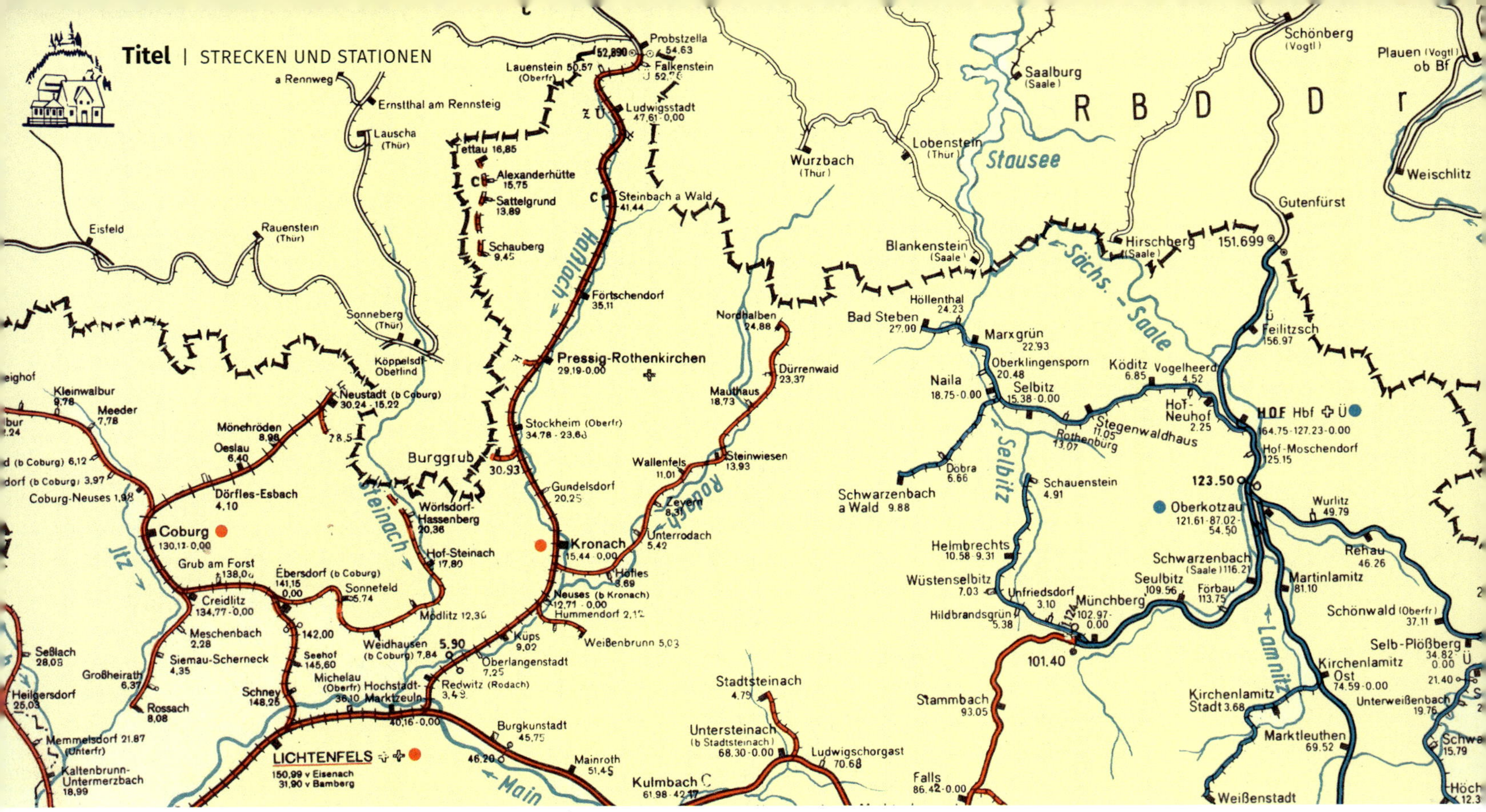

Der Ausschnitt aus der Streckenkarte der Bundesbahndirektion Nürnberg zeigt fast alle in dem Beitrag beschriebenen Nebenbahnen der Frankenwaldbahn. Die auf DR-Gebiet liegenden Strecken erscheinen dabei in vereinfachter Form: (Hockeroda –) Wurzbach – Lobenstein – Blankenstein ist nur teilweise, Probstzella – Lauscha – Sonneberg lediglich mit den wichtigsten Unterwegshalten abgebildet Slg. Christian Gloël

Nebenbahnen an der Frankenwaldbahn

Die abzweigenden Äste

Versteht man als Frankenwaldbahn den Abschnitt bis Saalfeld, so zweigten sieben Nebenbahnen von der Magistrale ab. Die Entwicklung verlief sehr unterschiedlich, wurde aber – wie bei der Hauptbahn – teils erheblich von den politischen Rahmenbedingungen beeinflusst *Von Christian Gloël/GM*

Wer Kursbuchkarten der frühen 1950er-Jahre studiert, nimmt die Frankenwaldbahn und ihre Umgebung als Strecke mit Verästelungen wahr – die meisten der sieben, durchweg eingleisigen Nebenbahnen waren noch verzeichnet, wobei die deutsche Teilung empfindliche Einschnitte gebracht hatte. In der Folge sollte sich die Nebenbahn-Landschaft teils drastisch verändern, selbst wenn nicht alle Strecken von den politischen Verhältnissen betroffen waren. Ein Überblick von Nord nach Süd.

Hockeroda – Wurzbach – Unterlemnitz

Aktuelle Kursbuchnummer: 557
Länge: 28,3 km (Hockeroda – Unterlemnitz)
Eröffnung:
Hockeroda – Wurzbach: 16. Dezember 1907
Wurzbach – Unterlemnitz: 1. März 1908
Strecke in Betrieb

Die so genannte Sormitztalbahn entstand, um die Frankenwaldbahn mit der bestehenden Strecke Lobenstein – Blankenstein – Marxgrün (– Hof) und die Wirtschaftsräume Saalfeld in Thüringen und Hof in Bayern zu verbinden. Eröffnet wurde die Strecke Hockeroda – Unterlemnitz von den Königlich Preußischen Staatsbahnen 1907/08 in zwei Abschnitten; in Unterlemnitz ergab sich die Verbindung zur Strecke nach Marxgrün. Die Sormitztalbahn diente vor allem der Holzzufuhr und -abfuhr aus dem Frankenwald und dem Thüringer Wald. Die Papierindustrie in Blankenstein bekam durch den Lückenschluss Zugang zu Holzmärkten in Bayern und Nordböhmen. Durch die neue Strecke erhielten auch die Steinbrüche um Wurzbach eine günstigere Transportmöglichkeit. Nach 1945 kam noch der Lehestener Schiefer als Frachtgut hinzu, nachdem der bisherige Transportweg über Ludwigsstadt und die Strecke nach Lehesten unterbrochen worden war (siehe unten). Die Sormitztalbahn war lange Zeit eine Domäne der preußischen T 14[1], der späteren Baureihe 93[5]. Aber auch Tenderloks der Baureihen 64 und 86 kamen auf die Strecke.

Wie bei etlichen anderen Strecken wurden nach Kriegsende gewachsene Verkehrsbeziehungen unterbrochen. Am 11. April 1945 fuhr der letzte fahrplanmäßige Zug von Saalfeld über Blankenstein nach Hof. Die Strecke auf thüringischer Seite wurde weiterhin von Saalfelder 93[5] bedient. Die schlechte Qualität der Kohle führte oft dazu, dass die Züge an den Steigungen vor Wurzbach scheiterten, aber den Wald in Brand steckten. Ende der 1960er-Jahre ging die Zeit der preußischen Tenderloks bei der Deutschen Reichsbahn zu Ende. Kurz waren noch Neubauloks der Baureihen 65[10] und 83[10] im Sormitztal unterwegs, bevor Dieselloks die Zugförderung übernahmen. Heute fahren noch Züge auf dem Abschnitt Hockeroda – Unterlemnitz – Blankenstein, nach wie vor beliefert die Bahn die Papierindustrie in Blankenstein. Trotz wirtschaftlicher Notwendigkeit ist die Lücke zwischen

Blankenstein und Hof auch über 30 Jahre nach der Grenzöffnung nicht geschlossen.

Probstzella – Sonneberg

Letzte Kursbuchnummer: 564
Länge: 48 km
Eröffnung:
Sonneberg – Lauscha: 1. Oktober 1886
Probstzella –Lichte Ost: 18. Januar 1899
Lichte Ost – Neuhaus a. R./ – Lauscha: 31. Oktober 1913
Stilllegung:
Ernstthal – Probstzella: 1. Juli 2006; heute dort abschnittsweise Draisinenfahrten; Abschnitt Sonneberg – Ernstthal in Betrieb

Mit einem Teleobjektiv entsteht im April 1971 von bayerischem Gebiet aus diese Aufnahme des thüringischen Bahnhofs Blankenstein. Im Bahnhof rangiert eine 58^{10} (pr. G 12), gekuppelt mit dem Tender einer 38^{10} (pr. P 8) Burkhard Wollny/Bildarchiv der Eisenbahnstiftung

Die in drei Etappen eröffnete Nebenbahn Probstzella – Sonneberg führte nach Kriegsende teils an der Zonengrenze entlang und wurde damit zu einer wichtigen Lebensader für den Landkreis Sonneberg. Richteten sich vor der Grenzziehung die Verkehrsströme eher ins Coburger Land aus, gewannen mit der immer undurchlässiger werdenden Grenze die Verbindungen Richtung Probstzella und Saalfeld an Bedeutung. Es verkehrten durchgehende Züge von Sonneberg nach Saalfeld. Mit dem Bau der Verbindungskurve in Probstzella mit einem eigenen Haltepunkt Probstzella 1961 wurde der Grenzbahnhof umgangen, die Fahrzeit verkürzte sich merklich. Trotzdem benötigten die Züge von Probstzella bis Sonneberg für knapp 50 Kilometer über zwei Stunden.

Beim Haltepunkt Zopten verlief die Bahnlinie bedrohlich nahe an der deutsch-deutschen Grenze. Um Fluchtversuche zu erschweren, hielten ab 1962 bis auf die Arbeiterzüge an dem Haltepunkt keine Züge mehr. Rund um den Streckenabschnitt herrschte bei den Grenztruppen stets erhöhte Aufmerksamkeit, wenn sich ein Zug näherte. In den Zügen Saalfeld – Probstzella – Sonneberg fuhren Transportpolizisten mit, die teilweise neben dem Zugpersonal Fahrkarten kontrollierten und so mögliche Republikflüchtlinge identifizieren sollten.

Wichtiger Knotenpunkt auf der Nebenbahn war Ernstthal. Der mit 769 Höhenmetern höchstgelegene Bahnhof der Strecke bot bis 1968 die Umstiegsmöglichkeit nach Neuhaus am Rennweg, ehe die drei Kilometer lange Stichbahn für den Personenverkehr stillgelegt wurde. Im Güterverkehr erhielt der Bahnhof Sonneberg Ost eine Container-Verladeanlage. Das gab der Strecke überregionale Bedeutung.

Mit der Grenzöffnung und später der Vereinigung der beiden deutschen Bahnen begann die Bedeutung der Strecke Probstzella – Sonneberg zu sinken. 1993 wurde die Probstzellaer Verbindungskurve stillgelegt, 1994 der Güterverkehr eingestellt. 1998 wurde auch der Containerbahnhof Sonneberg Ost geschlossen. Nur noch das Hartsteinwerk in Hüttengrund blieb an die Schiene angeschlossen. Vorher schon, am 22. Januar 1997, verkehrte ein Gleismesszug über die Strecke; unmittelbar danach wurde die Verbindung Probstzella – Sonneberg als unbefahrbar erklärt und um 14 Uhr gesperrt. Selbst der in Probstzella stehende Regionalzug musste über Saalfeld und Arnstadt nach Sonneberg fahren. Busse übernahmen den Ersatzverkehr. Im Sommer 1998 wurde der südliche Abschnitt von Sonneberg nach Lauscha instandgesetzt. Vom 26. September 1998 an gab es auf diesem Streckenstück wieder Personenverkehr, den das Land Thüringen am 3. Oktober 1999 mangels Nachfrage abbestellte. Eine Renaissance folgte nach der Übernahme des Streckenteils von Sonneberg nach Neuhaus am Rennweg durch die Thüringer Eisenbahn und der restlichen Streckensanierung: Seit 14. Dezember 2002 fährt die Süd-Thüringen-Bahn im Stundentakt mit Regio-Shuttles von Sonneberg über Lauscha und Ernstthal am Rennsteig nach Neuhaus am Rennweg. Das Container-Terminal Sonneberg Ost wurde am 30. Mai 2006 neu eröffnet und in den internationalen Güterfernverkehr eingebunden.

Im April 1992 hat 219 101 einen Personenzug aus Sonneberg über Lauscha nach Probstzella am Haken und trifft an dem 1961 an der Verbindungskurve eingerichteten Haltepunkt ein. Ein Jahr später wird die Verbindungskurve stillgelegt Rolf Schierer

Auf der Strecke zwischen Ernstthal und Probstzella gibt es zurzeit keinen regulären Betrieb. Der Förderverein Max-und-Moritz-Bahn veranstaltet Draisinenfahrten zwischen Ernstthal und Gräfental und zählt außerdem zu den Initiativen, die eine Reaktivierung der Bahn anstreben.

Ludwigsstadt – Lehesten

Letzte Kursbuchnummer: 414z
Länge: 7,60 km

Von Juni 1947 bis Juli 1951 fahren Korridorzüge aus der sowjetischen Zone bzw. der DDR in den Westen und weiter auf der Strecke Ludwigsstadt – Lehesten; die bewaffneten Personen im Güterzugbegleitwagen lassen den Ernst der Lage erahnen Slg. DB Museum Nürnberg

Regulären Personenverkehr gibt es zwischen Neues und Weißenbrunn bloß für kurze Zeit. Danach kommen ab und zu Sonderzüge auf die Strecke, wie im Jahr 1986 mit der Museumslok V 80 002. Das Bild entstand bei der Fahrt durch Hummendorf Christian Gloël

Eröffnung: 1. Dezember 1885
Betriebseinstellung: 12. Mai 1958 (DR)
Streckenstilllegung: 1. März 1971 (DB)
Strecke rückgebaut

Zur Planung und zum Bau der Strecke war ein Staatsvertrag zwischen dem Herzogtum Sachsen-Meiningen und dem Königreich Bayern notwendig. Die Betriebsführung oblag den Königlich Bayerischen Staatsbahnen. Durch die Streckenführung teils in Bayern, teils in Thüringen geriet die Strecke in die weltpolitischen Verwicklungen der Nachkriegszeit. Die ab 1. Juli 1945 in Thüringen einrückende sowjetische Besatzungsmacht sperrte die Strecke umgehend. Zwischen 17. Juni 1947 und 12. Juli 1951 verkehrten aber dann Transitgüterzüge im Korridorverkehr über Ludwigsstadt. Auch die Mitfahrt von Personen wurde ermöglicht. Obwohl Güterverkehr vorhanden war, konnte die Strecke ihren Nutzen nicht entfalten. Sie wurde am 12. Mai 1952 im Rahmen verschärfter Grenzsicherung von der DDR auf deren Gebiet gesperrt, der 2,3 Kilometer lange thüringische Streckenteil bis 28. Mai 1952 zurückgebaut. Der Streckenabschnitt auf bayerischer Seite fand noch Verwendung, um ein Anschlussgleis zu bedienen. Nach der Stilllegung 1971 baute man ihn weitgehend zurück. Ein Reststück der Strecke wurde bis zum Jahr 2000 als Anschlussgleis genutzt und 2011 abgebaut.

Kronach – Nordhalben

Letzte Kursbuchnummer: 829
Länge: 24,88 km
Eröffnung: 28. Juli 1900
Einstellung:
Personenverkehr 29. Mai 1976
Güterverkehr Wallenfels – Nordhalben 12. Februar 1995
Güterv. Höfles – Wallenfels 15. Februar 1999
Güterv. Kronach – Höfles 30. Mai 2003
Kronach – Steinwiesen Rückbau im Juli 2005;
Steinwiesen – Nordhalben Museumsbahn seit 15. September 2007

Fast wäre die Frankenwaldbahn hier im Rodachtal gebaut worden. Doch gab die Stadt Kronach den Ausschlag für die Trasse über Ludwigsstadt, welche 1885 eröffnet wurde. Im Jahr 1900 erhielt dann auch das Rodachtal einen Bahnanschluss, nun als Nebenbahn. Mit ihr endete die Tradition der Flößerei im Frankenwald, das Holz konnte nun statt auf dem Wasser auf der Schiene abtransportiert werden und blieb bis zum Ende des Güterverkehrs das wichtigste Transportgut. Die Industrialisierung sorgte zudem für Transporte hochwertiger Erzeugnisse per Schiene. In der Zeit nach 1950 hatten Nordhalbener Bahnhofswagen hölzerne Gehäuse für TV-Geräte geladen und pendelten mehrere Jahrzehnte zwischen den Graetz-Fernsehwerken Nordhalben und Bochum. Bis 2003 herrschte auf der Kronacher Flügelbahn reger Ladeverkehr, hinzu kamen weitere Industrie (unter anderem eine Porzellanfabrik und die Fernsehfabrik Loewe Opta).

Der Personenverkehr auf der Schiene entwickelte sich hingegen weniger gut, auch, weil beispielsweise in Wallenfels und Nordhalben die Bahnhöfe weit entfernt von den Wohngebieten lagen. Schon 1953 richtete die Deutsche Bundesbahn die Bahnbuslinie Kronach – Nordhalben ein und reduzierte das Zugangebot. 1956 übernahmen Schienenbusse der Baureihe 795 den Großteil der Verkehrsleistung. Am 1. Februar 1964 endete der Dampfbetrieb mit den Pressiger Loks der Baureihe 98^{11} im Rodachtal. Zuletzt waren Lokomotiven der Baureihe 211/212 im Personenverkehrseinsatz, der dann 1976 endete.

In den Jahren vor der Einstellung des Gesamtverkehrs gab es immer wieder Versuche der örtlichen Eisenbahnfreunde, die Strecke zumindest teilweise im Personenverkehr wieder zu eröffnen – ohne Erfolg. Nach der Stilllegung des nördlichen Streckenteils auch im Güterverkehr 1995 prozessierte der örtliche Eisenbahnverein fast zehn Jahre um die Streckenübernahme, konnte aber letztlich 2004 nur einen Vergleich erreichen. Die Kommunen im südlichen Teil der Strecke konnten die Trasse der Bahnstrecke übernehmen, um Radwege bzw. Umgehungsstraßen darauf zu bauen. Der landschaftlich reizvollste Streckenabschnitt Steinwiesen – Nordhalben wurde den Eisenbahnfreunden zum Kauf angeboten. Der Verein übernahm diesen Abschnitt und richtete dort einen Museumsbahnbetrieb ein. Seit 15. September 2007 pendelt ein zweiteiliger Schienenbus von Mai bis Oktober zwischen Steinwiesen und Nordhalben – im landschaftlich wunderschönen Tal der Rodach, allerdings ohne Fahrmöglichkeit nach Kronach, was wohl nicht mehr rückgängig zu machen ist.

Nach dem offiziellen Ende des Personenverkehrs ist am 14. Juni 1976 noch ein DB-Schienenbus nach Nordhalben gekommen (o.). Bis in die 1960er-Jahre fuhren auf der Strecke auch Dampfloks (r., 98^{11} in Kronach) D. Junker/Eb-Stiftg., Slg. C. Gloël (r.)

Pressig-Rothenkirchen – Tettau
Letzte Kursbuchnummer: 414y
Länge: 16,85 km
Eröffnung: 24. Juni 1903
Stilllegung:
Deutsche Reichsbahn 28. Mai 1952
Deutsche Bundesbahn 31. Dezember 1993
Strecke rückgebaut

Wohl kaum eine andere Nebenbahn in Deutschland kann eine derart bewegte Geschichte vorweisen wie diese. Zur Anbindung der Glasindustrie im Tettauer Winkel wurde sie 1903 eingeweiht, wobei sich unter den zwei Eisenbahnkomitees jenes von Rothenkirchen-Tettau durchgesetzt hatte. Entsprechend führte die realisierte Strecke zum Großteil über Meiningisches Gebiet und wechselte insgesamt zehn Mal die Staatsgebiete zwischen dem Königreich Bayern und Thüringen.

Das Ende des Zweiten Weltkriegs und die Grenzziehung unterbrachen die Bahntrasse. Am 1. Juli 1945 zogen sich die amerikanischen Besatzungstruppen aus Thüringen zurück, sowjetische Truppen rückten nach und schon am 3. Juli 1945 untersagte die sowjetische Besatzungsmacht den Betrieb der Strecke nach Tettau. Am 18. Oktober 1946 führten beharrliche Bemühungen der Industrie, der Bürgermeister und des Landrats zur Wiederaufnahme des Zugbetriebs, der nun quasi im Korridorverkehr abgewickelt wurde. Anhalten der Züge auf dem Gebiet der sowjetischen Zone war untersagt. Ab 14. April 1947 war auch wieder Personenverkehr möglich. Selbst während der Berlin-Blockade rollte der Verkehr ungestört.

Aber dieser Zustand währte nicht lange. Am Morgen des 28. Mai 1952 erhielt der Vorstand des Bahnhofs Pressig-Rothenkirchen die Nachricht, dass ab kommender Nacht 0:00 Uhr das Durchfahren des Gebietes der sowjetischen Zone untersagt sei. Schon im Oktober 1952 begannen auf thüringischer Seite die Rückbauarbeiten.

Mit dem Culemeyer-Betrieb wurde der Tettauer Winkel weit über die Region hinaus bekannt

Für die Wirtschaft und die Bevölkerung im Tettauer Winkel bedrohte die Streckenunterbrechung die Existenz. Die Bundesbahn reagierte jedoch schnell: Sie richtete zwei Bahnbusverbindungen für den Personenverkehr ein, im Güterverkehr rollten ab 1. Juli 1952 Culemeyer-Straßenroller zwischen Steinbach am Wald und Alexanderhütte. Auf dem Rest des Wegs von Alexanderhütte bis zu den Gleisen der dortigen Glasfabrik übernahm eine Köf die Beförderung. Der Betrieb wurde weit über die Region hinaus bekannt und immer wieder von Eisenbahnfreunden besucht. Vom 1. April 1987 an fuhr eine örtliche Spedition die Straßenroller zwischen Steinbach am Wald und Alexanderhütte. Zum 31. Dezember 1993 legte die DB die Strecke still, am 31. Mai 1996 endete der Straßenrollerverkehr. Die Transporte laufen nun per Lkw.

Neuses – Weißenbrunn
Letzte Kursbuchnummer: 414s
Länge: 5,02 km
Eröffnung: 1. Juni 1916
Einstellung:
Personenverkehr 22. Mai 1954
Güterverkehr 1. März 1995
Strecke rückgebaut

Die Strecke Neuses – Weißenbrunn gehört zu den späten Projekten der Region und war nur für den Gütertransport zu den neu gegründeten Quarzsandwerken vorgesehen. Personenverkehr gab es erst nach dem Zweiten Weltkrieg. 1946 wurde in Weißenbrunn ein internistisches Fachkrankenhaus eingerichtet, für das Patienten und Besucher einen Bahnanschluss wünschten. Im Mai 1947 wurde der Personenverkehr von Kronach über Neuses nach Weißenbrunn eingerichtet. 1953 wurde das Krankenhaus geschlossen, der Personenverkehr endete am 22. Mai 1954. Noch weitere 40 Jahre diente die Strecke dem Güterverkehr, ehe der Betrieb Ende 1994 eingestellt wurde. Die Stilllegung folgte am 1. März 1995, anschließend baute man die Strecke zurück.

Ohne die Zulieferung mit Eisenbahnwagen auf Culemeyer-Straßenrollern könnte die Glasfabrik in Alexanderhütte nahe Tettau kaum auskommen (Bild vom Februar 1985). Bis 1993 währt die Zustellung mit dem „verlängerten Gleis“, dann stellt man komplett auf Straßentransporte um Rolf Schierer

Jahrelang verschiebt eine Köf im Inselbetrieb die Wagen in Alexanderhütte im Tettauer Winkel. Muss sie getauscht werden, geschieht der Transport genauso per Culemeyer-Straßenroller wie bei den Güterwagen (Jan. 1987)

Bis zuletzt fuhren Kleinloks der Deutschen Bundesbahn auf der Strecke nach Burggrub Flüssiggas für einen Porzellanhersteller. Am 21. Februar 1987 verkehrt dieser Transport letztmals Christian Gloël (2)

Stockheim (Ofr.) – Burggrub – Sonneberg (Thür.)

Letzte Kursbuchnummer: 190m
Länge: 15,1 km
Eröffnung: 1. Juni 1901
Einstellung
DR: Köppelsdorf – Neuhaus-Schierschnitz Personenv. 25. Mai 1968, Güterv. Okt. 1970
DB: Personenverkehr 30. September 1972, Güterverkehr 28. Februar 1987
Strecke rückgebaut

Eigentlich war dies keine Nebenbahn. Vielmehr verband die Hauptbahn die Industriegebiete Thüringens und Oberfrankens.

Nach Ende des Zweiten Weltkriegs begann der Verkehr schon am 14. Mai 1945 wieder. Doch führte auch diese Strecke nun über die Zonengrenze; am 3. Juli 1945 endete der Versuch, den Eisenbahnverkehr durchgehend aufrecht zu erhalten. Kurz nach der Streckensperrung baute die Deutsche Reichsbahn Ost die Gleisanlagen zwischen Neuhaus-Schierschnitz und der Grenze ab. Das hinderte sie aber nicht an einem spektakulären Diebstahl: Am Nachmittag des 13. Februar 1949 tauchte ein Gleisbautrupp der Reichsbahndirektion Erfurt an der Grenze auf und verband die unterbrochenen Gleise provisorisch. Eine Rangierlok hängte 31 auf dem Gebiet der Eisenbahndirektion Nürnberg abgestellte Schadwagen an und schleppte den Zug auf das sowjetisch besetzte Territorium. Bereits bei Kriegsende 1945 hatte man einen auf der Strecke Sonneberg – Stockheim nördlich von Burggrub nach Tieffliegerbeschuss abgestellten Versuchszug mit der E 04 23 dem Bestand der Direktion Erfurt angegliedert; die Fahrzeuge gehörten zum Bestand der Direktion Nürnberg, standen jedoch auf sowjetischem Territorium.

Nach dem Krieg lief der Personenverkehr getrennt: auf östlicher Seite durch die DR Ost zwischen Sonneberg und Neuhaus-Schierschnitz (bis 1968), im Westen durch die Reichsbahn (West) bzw. die Bundesbahn zwischen Stockheim und Burggrub (bis 1972). Die DB setzte dabei auch Kleinloks mit Triebwagen-Anhänger ein.

Auf der Westseite gab es Flüssiggastransporte zur Porzellanfabrik Eversberg bis zum 21. Februar 1987. Eine Woche später wurde die Strecke stillgelegt und noch 1987 abgebaut. Der Gedanke, die Verbindung nach der Grenzöffnung 1989 wieder herzustellen, kam nicht zum Tragen.

Ein Lokführer des Bw Probstzella berichtet

Die Loquitz und ein Geschenk

Matheo Z. war schon einige Jahre beim Bw Probstzella tätig, als die Grenze geöffnet wurde. Er erlebte das Ereignis als freudige Überraschung, aber auch mit manchen weniger angenehmen Konsequenzen *Von Christian Gloël*

Seine Familie und die Deutsche Einheit, sagt Matheo Z., seien die größten Geschenke in seinem Leben. Er möchte anonym bleiben, wenn er aus dem Probstzellaer Nähkästchen plaudert. Die Berliner Mauer war gebaut, die Grenze zum Nachbarstaat gezogen, als Matheo Z. in Gräfental geboren wurde. Der Vater ist Lokführer in Probstzella. Auch der Großvater stand in den 1920er-Jahren schon dort im Dienst. Die Grenze war für Matheo bereits als Kind Normalität. „Es hieß, da darfst Du nicht hin." Am 1. Juli 1979 trat er in die Fußstapfen seines Vaters und begann im Bahnbetriebswerk Probstzella mit der Ausbildung zum Lokschlosser. Es folgte die Zeit der Wehrpflicht, die er bei der Marine in Stralsund leistete. Vier Jahre fuhr das Landkind zur See. „Vielleicht wäre ich dabei geblieben, aber die wollten mich nicht. Ich war nicht linientreu, nicht in der Partei und mein Kommandant lag wohl richtig mit seiner Einschätzung, dass ich eines Tages vom Landgang in Rotterdam oder sonstwo nicht mehr zurückkommen würde." Also setzte Matheo seine Laufbahn in Probstzella fort und begann die Ausbildung zum Lokführer. Zuerst auf der Baureihe 306, dann der Baureihe 219 und schließlich der Baureihe 204, der V 100 Ost. Gefahren ist er nur mit der 306: rund um Probstzella, nach Unterloquitz in den Schieferbruch, zu den Anschlussbahnen der Umgebung. Sein Großvater erzählte Matheo vom Gasthaus Falkenstein, vom Tal der Loquitz und vom Frankenwald. „Da wäre ich schon gerne mal hin. Nur zum Anschauen. Ich wäre ja wieder gekommen. Da vorne um die Kurve. Das Flüsschen Loquitz war für mich wie ein Wunder. Das kam aus dem Westen." Doch dorthin gelangte Matheo nicht.

Die Grenze wird geöffnet

Dann kam der Samstag, der 11. November 1989. Zwei Tage nach dem Mauerfall in Berlin. Matheo hatte Bereitschaft im Bw Probstzella. Es war noch früh, als die Eisenbahner entspannt im Aufenthaltsraum saßen und es plötzlich polterte und rumpelte im Haus. Da stand er auch schon aufgeregt in der Tür, der Bw-Vorstand. Er war mittelmäßig beliebt, linientreu und konnte schon mal ungerecht sein. „Wo ist der Schlüssel zum Magazin?" rief er in vorwurfsvollem Ton in die Runde. Matheo und die anderen erwiderten, der Schlüssel sei wie von ihm angeordnet am Wochenende im Schlüsselkasten zu verwahren. Private Arbeiten mit dem Werkzeug waren am Wochenende verboten. Nervös kramte der Vorstand im Schlüsselkasten und zog den Magazinschlüssel heraus: „Wer mitkommen will, soll jetzt los. Ich brauche alles zum Zerschneiden und Zwicken der Zäune." Die Eisenbahner sahen den Genossen wohl noch immer verwundert an, als er ihnen zurief: „Die Grenze. Der Grenzzaun. Wir müssen den ganzen Grenzzaun wegräumen." Mit Bolzenschneidern, Schraubenschlüsseln und sonstigem schweren Werkzeug zog der Vorstand los Richtung Grenze. Alleine. Matheo Z. vermutet bis heute: „Die Parteigenossen hatten in diesen Stunden die blanke Angst. Angst vor den hereinbrechenden Klassenfeinden, vielleicht sogar, liquidiert zu werden, und traten die Flucht nach vorne an."

Bis 1990 war Matheo Z. noch im Bw Probstzella beschäftigt. Nicht mehr lange, denn sein Arbeitsplatz fiel weg. Zusammen mit anderen Kollegen wurde er zum Bw Saalfeld geschickt. „Dort waren wir überhaupt nicht willkommen." Mit einer 306 war er fast drei Jahre lang damit beschäftigt, Abraumzüge für die kontaminierte Erde der Gasabfüllerei in Saalfeld bereit zu stellen und abzuziehen. Eines Tages eröffnete ihm die Saalfelder Dienststelle, es sei von ihm keine Personalakte auffindbar. Womöglich sei er gar kein Lokführer. Damals ging es darum, möglichst viele überzählige Personale loszuwerden. Matheo Z. ließ sich nicht beirren. Seine Personalakte fand sich doch, in der Direktion Erfurt.

Heute liegt das alles lange zurück. Matheo Z. steht jetzt in Diensten der Deutschen Bahn und steuert Regionalzüge rund um Nürnberg. Gelegentlich kommt er dabei auch über die frühere Grenze nach Probstzella. Den Grenzfluss Loquitz bewundert er immer noch. Und er freut sich über die schönsten Geschenke in seinem Leben: seine Familie und die Deutsche Einheit.

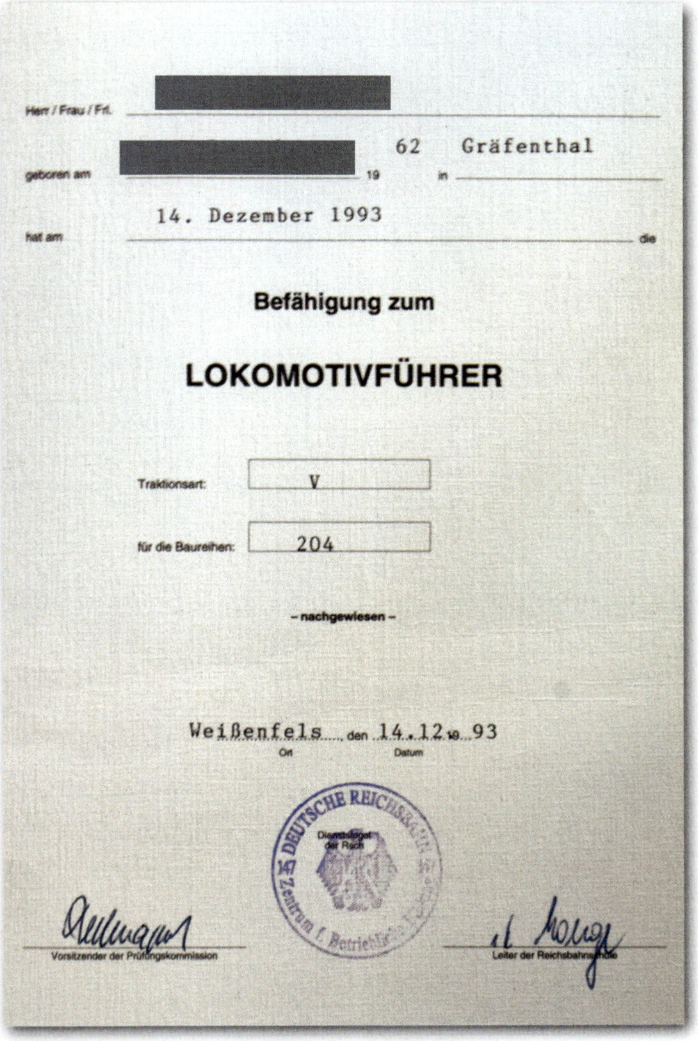
Herr / Frau / Frl. [redacted]

geboren am [redacted] 62 in Gräfenthal

hat am 14. Dezember 1993 die

Befähigung zum

LOKOMOTIVFÜHRER

Traktionsart: V

für die Baureihen: 204

– nachgewiesen –

Weißenfels, den 14.12.93
Ort Datum

Vorsitzender der Prüfungskommission

Leiter der Reichsbahnschule

Nach der Tätigkeit in Probstzella arbeitete Matheo Z. bei anderen Dienststellen der DR, später wechselte er in den Raum Nürnberg. Hier ein Dokument der Lokfahrschule Weißenfels Slg. Christian Gloël

Frankenwaldbahn im Umbruch

Wendezeiten

Nicht viele deutsche Strecken haben nach 1989 so kurz und so umfassend ihr Aussehen verändert wie die Frankenwaldbahn. Impressionen aus den Jahren vor und nach der Grenzöffnung

Wildromantisch verläuft die Strecke von Ludwigsstadt (Foto) talwärts in Richtung Probstzella. Da trifft es sich gut, dass das Zugangebot bald nach der Grenzöffnung ausgeweitet wird und mehr Gelegenheiten zum Mitfahren und Fotografieren bestehen ... Ralf Händeler

Welche Bilder bleiben von der Frankenwaldbahn während der Zeit der Teilung in Erinnerung? Unter anderem auch jene vom – mehr oder weniger beschaulichen – Betrieb mit Altbau-Elloks, der immer wieder Eisenbahnfreunde begeisterte (Foto: 194^5 bei Hochstadt-Marktzeuln, Juli 1985) Günther Friedrich

Wo von 1945 bis 1990 die Züge die Grenze von Ost nach West überquerten, ist im Mai 1996 nichts mehr von der einstigen Demarkationslinie zu erkennen. Am Falkenstein erhält die Frankenwaldbahn gerade wieder ein zweites Gleis samt Fahrdraht. Noch dauert es etwas, bis man die mehr als 50-jährige Einschränkung des Betriebs hier ganz und gar überwunden hat. Bei der Straße nach Probstzella war das etwas einfacher (l.) Hans-Jürgen Müller/Bildarchiv der Eisenbahnstiftung

Rückkehr der Oberleitung: Mehr als vier Jahrzehnte nach der Demontage laufen 1992 bei Unterloquitz Elektrifizierungsarbeiten, im Bild mit einer Reichsbahn-Rangierlok 306 samt Arbeitszug. Die Ertüchtigung der Strecke nimmt mehrere Jahre in Anspruch Christian Gloël

Die frühen 1990er-Jahre bringen nicht nur ein erheblich verdichtetes Reisezugangebot, sondern auch neue Fahrzeuge. Einer der Neulinge ist die 103, die nun regelmäßig mit IC-Zügen die Höhen des Frankenwalds überquert (Foto in Steinbach am Wald, April 1993) Jürgen Hörstel

Der Bahnhof Cüstrin-Neustadt um 1910. Der Blick geht auf den oberen Bahnhof (Ostbahn) mit dem markanten Empfangsgebäude. Die untere Ebene des Bahnhofs liegt an der Strecke der Breslau-Schweidnitz-Freiburger Eisenbahngesellschaft (BSFE) Slg. Peter Bley

Drehkreuz an der Ostbahn, Teil 1

Eisenbahnknoten Küstrin

In loser Folge stellt Bahn Extra Verkehrsknoten und Strecken vor, die einst zur Reichsbahn gehörten und 1945 an die Polnischen Staatsbahnen gingen. Den Auftakt macht Cüstrin bzw. Küstrin, heute Kostrzyn. Wie hat sich der Bahnknoten bis 1945 entwickelt? *Von Peter Bley*

Küstrin entstand im Zwickel zwischen dem Ostufer der Oder und der Einmündung der Warthe in die Oder. 1232 erstmals urkundlich erwähnt, gehörte Küstrin ab 1252 zum Besitz der Markgrafen von Brandenburg.und erhielt um 1300 das Magdeburger Stadtrecht. Mitte des 16. Jahrhunderts wurde Küstrin von dem Markgrafen Johann von Brandenburg neu gestaltet und vergrößert, zudem entstanden starke Festungswerke. In der gleichen Zeit wurde das Markgrafenschloss erneuert. Einige Zeit war Küstrin die Hauptstadt der Neumark, außerdem war es seit 1641 für mehr als 300 Jahre Garnisonsstadt. Bereits seit dem 13. Jahrhundert gab es westlich der Oder eine Dienstsiedlung, die Keimzelle des späteren Kietz.

Die Anfänge der Eisenbahn

Das Eisenbahnzeitalter begann in Küstrin erst relativ spät. Bis zum Jahre 1846 waren fünf Eisenbahnlinien entstanden, die Berlin mit allen wichtigen Zentren Preußens verbanden, jedoch mit einer Ausnahme: Es fehlte eine Bahn von Berlin nach Westpreußen, Danzig und Ostpreußen. Seit 1842 hatte es hierfür Überlegungen gegeben, doch fand sich für dieses Projekt kein Privatunternehmen, weil das Verkehrsaufkommen keine hinreichende Verzinsung des Baukapitals erwarten ließ. Für die Linienführung gab es anfangs mehrere Varianten, bis 1847 eine Denkschrift den Weg von Berlin über Küstrin–Schneidemühl–Bromberg–Dirschau–Marienburg nach Königsberg mit einer Zweigbahn von Dirschau nach Danzig festlegte. Wegen der großen strategischen Bedeutung dieser „Preußischen Ostbahn“ übernahm Preußen das Bahnprojekt und führte es unter Leitung der 1849 in Bromberg eingerichteten „Königlichen Direction der Ostbahn“ schrittweise als Staatsbahn aus. Am 27. Juli 1851 ging zunächst die Teilstrecke Kreuz–Bromberg in Betrieb, dabei führte der Weg von Berlin bis Kreuz zunächst über Stettin und Stargard. Vom 6. August 1852 an verkehrten die Züge über Bromberg hinaus nach Dirschau und weiter bis Danzig.

Mit Gesetz vom 7. Mai 1856 stellte Preußen 8,4 Millionen Reichstaler (25,2 Millionen Mark) für den zweiten Bauabschnitt bereit. Dieser umfasste vor allem die Neubaustrecke Frankfurt (Oder)–Küstrin–Kreuz, außerdem auf der 1852 von Preußen angekauften Niederschlesisch-Märkischen Eisenbahn, die vorerst von Berlin bis Frankfurt (Oder) von den Zügen der Ostbahn mitbenutzt werden sollte, den Bau des zweiten Gleises. Bereits mit einem Erlass vom 19. März 1856 hatte König Friedrich Wilhelm IV. eine „Königliche Kommission für den Bau der Kreuz–Cüstrin–Frankfurter Eisenbahn“ mit Sitz in Frankfurt (Oder) eingesetzt.

Die Linienführung der Ostbahn in Küstrin wurde durch die Flüsse Oder und Warthe sowie durch die Festungswerke bestimmt, die bis an die Bahn heranreichten. Von Ost nach West reihten sich hier fünf Brücken aneinander (siehe Kasten S. 59).

Alle Brücken erhielten anstelle der sonst üblichen Steinkonstruktionen schmiedeeiserne Überbauten mit Gitterträgern; nur hiermit ließ sich ein Mindestabstand von drei Fuß (94,16 Zentimeter) über der Hochwas-

Zur Schreibweise

Cüstrin bzw. Küstrin

Die amtliche Schreibweise der Stadt lautete zunächst Cüstrin und erst ab 1928 „Küstrin“. Soweit keine Eigennamen betroffen sind, wird Küstrin in diesem Beitrag mit „K“ geschrieben.

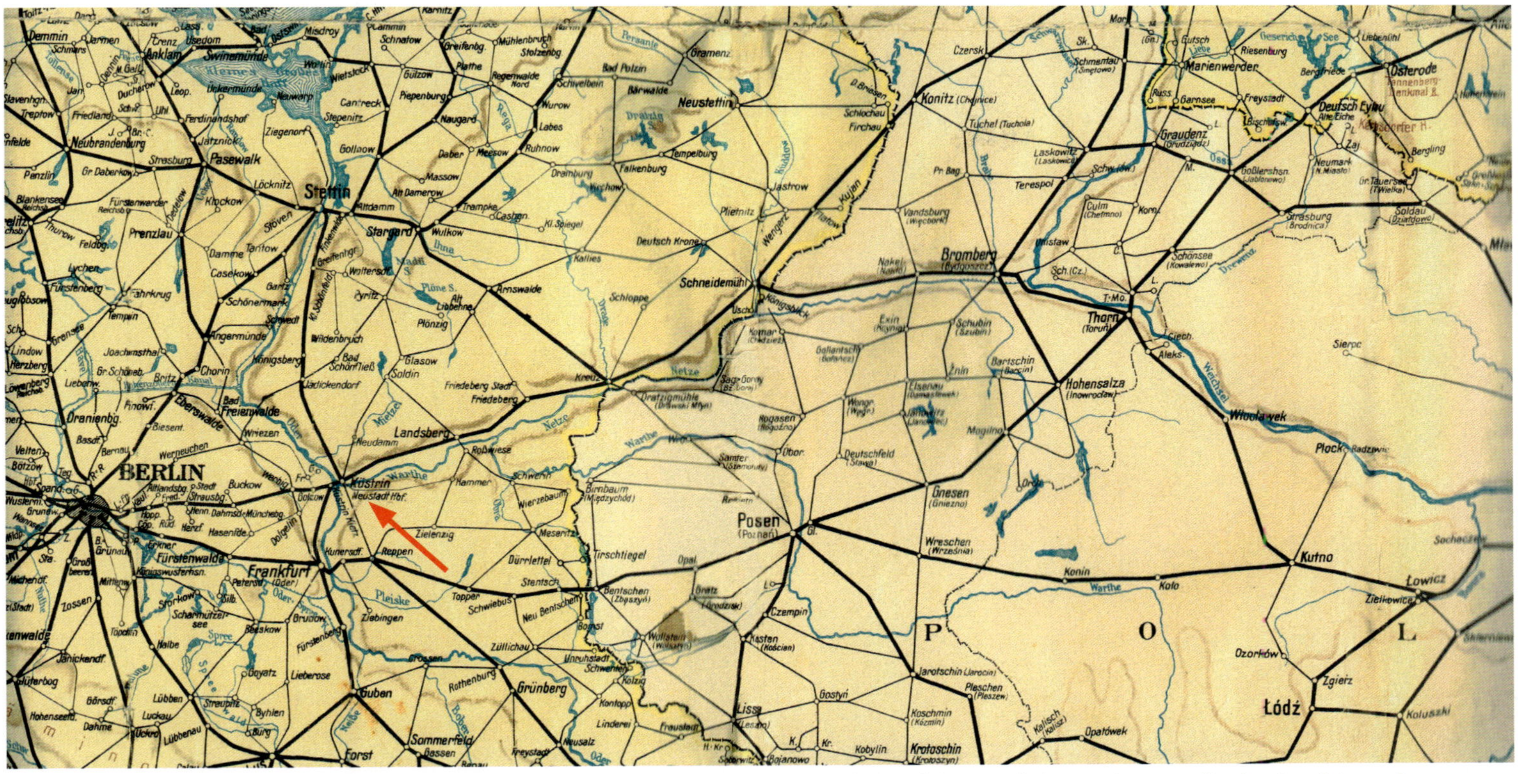

Das Eisenbahnnetz zwischen Berlin, Stettin, Danzig und Posen im Jahre 1930. Der Pfeil markiert den Eisenbahnknoten Küstrin, der sich zu einem wichtigen Unterwegshalt an der Ostbahn Frankfurt (Oder)–Schneidemühl(–Königsberg (Pr)) entwickelt hat Slg. Peter Bley

serlinie von Oder und Warthe erreichen. Um weiterhin die Schifffahrt zu ermöglichen, besaßen die beiden Strombrücken als Durchfahrtöffnungen je zwei Drehbrücken, zudem war wegen der benachbarten Festung in den Brücken über Warthe, Festungsgraben und Oder je eine Öffnung als Zugklappe ausgebildet. Obwohl die Ostbahn anfangs nur eingleisig erbaut wurde, waren die Widerlager und Brückenpfeiler bereits für einen späteren zweigleisigen Ausbau ausgelegt, doch wurden die Brückenüberbauten zunächst nur für ein Gleis erstellt; lediglich die Drehbrücken erhielten sofort auch Überbauten für das künftige zweite Gleis.

Die Festungswerke bestimmten auch die Lage des Bahnhofs Küstrin, außerdem musste hier der spätere Bau einer direkten Strecke zwischen Berlin und Küstrin berücksichtigt werden. Der Bahnhof entstand daher – erreichbar von der Stadt über eine vorhandene Straßenbrücke – auf der Insel zwischen der Oder und dem Oder-Vorflutkanal. Trotz der geringen Länge des Bahnhofs von nur 122 Ruthen (460 Meter) kam seine westliche Einfahrweiche jenseits des Vorflutkanals zu liegen, deshalb musste auch die Brücke über diesen Kanal zweigleisig ausgeführt werden. Das Bahnhofsgebäude und weitere Hochbauten wurden wegen der Bestimmungen zur militärischen Verteidigung in Holzfachwerk erbaut, zudem erforderte der Bau der Ostbahn einen umfangreichen Ausbau der Festungsanlagen. Zum Bahnhof Küstrin gehörten ferner ein Schuppen für vier Lokomotiven und einige Wagen sowie ein geräumiger Güterschuppen, der bereits berücksichtigte, dass es künftig einen bedeutenden Güterumschlag zwischen der Schifffahrt und der Eisenbahn geben werde.

Militärische Belange bestimmten den Verlauf der Strecke und auch den Bau des Bahnhofs Küstrin

Am 12. Oktober 1857 – nach nur eineinhalb Jahren Bauzeit – konnte die Strecke Frankfurt (Oder)–Küstrin–Kreuz in Betrieb genommen werden. Zugleich wurden jenseits von Dirschau auch die großen Strombrücken über Weichsel und Nogat dem Verkehr übergeben. Die Ostbahn war damit von Frankfurt (Oder) bis Königsberg durchgehend befahrbar. Im Vergleich zu dem bisherigen Weg über Stettin verkürzte die Neubaustrecke über Küstrin die Entfernung von Berlin nach Königsberg um 45 Kilometer.

Weitere Streckenbauten

Der Ausgangspunkt der Ostbahn in Frankfurt (Oder) war von Anfang an nur als Zwischenlösung gedacht. Ziel blieb eine Neubaustrecke, die Berlin und Küstrin auf kürzestem Weg miteinander verbinden würde, jedoch fehlten hierfür zunächst die Finanzmittel. Mit Gesetz vom 24. September 1862 wurde die Begebung einer Anleihe über 5,6 Millionen Taler (16,8 Millionen Mark) „für die direkte Eisenbahn von Cüstrin nach Berlin“ bewilligt. Am 24. April 1865 begannen die Bauarbeiten, und am 1. Oktober 1866 ging die Neubaustrecke zunächst von Küstrin bis Gusow in Betrieb. Am 1. Oktober 1867 wurde auch die Strecke Berlin–Gusow eröffnet, die den Weg nach Königsberg um weitere 17 Kilometer verkürzte. Die Neubaustrecke Berlin–Küstrin besaß von vornherein ein zweites Gleis, zudem war die Ostbahn auch von jenseits Küstrin bis hinter Landsberg (Warthe) schon seit November 1864 zweigleisig befahrbar. 1868 folgte die Inbetriebnahme des zweiten Gleises auf den hierfür erweiterten Brücken in Küstrin.

Anlässlich der Einbindung der Neubaustrecke war die „Anschluß-Station Cüstrin“ bedeutend erweitert worden. Wegen der beengten Lage des Bahnhofs nahe der Festung wurde außer-

Überblick

Brückenbauten der Ostbahn in Küstrin

Brücke über	Technische Merkmale		
	Länge	Öffnungen	Pfeiler
Warthe	614 Fuß (192,7 m)	8	7
Flutbrücke Warthe	474 Fuß (148,8 m)	9	8
Festungsgraben	112 Fuß (35,1 m)	3	2
Oder	885 Fuß (277,8 m)	12	10
Vorflutbrücke Oder	554 Fuß (173,9 m)	11	10

Gesamtlänge: 2.639 Fuß (828,26 Meter); der Baubericht für 1856 nennt 2.687 Fuß (843,32 Meter) auf 48 Pfeilern

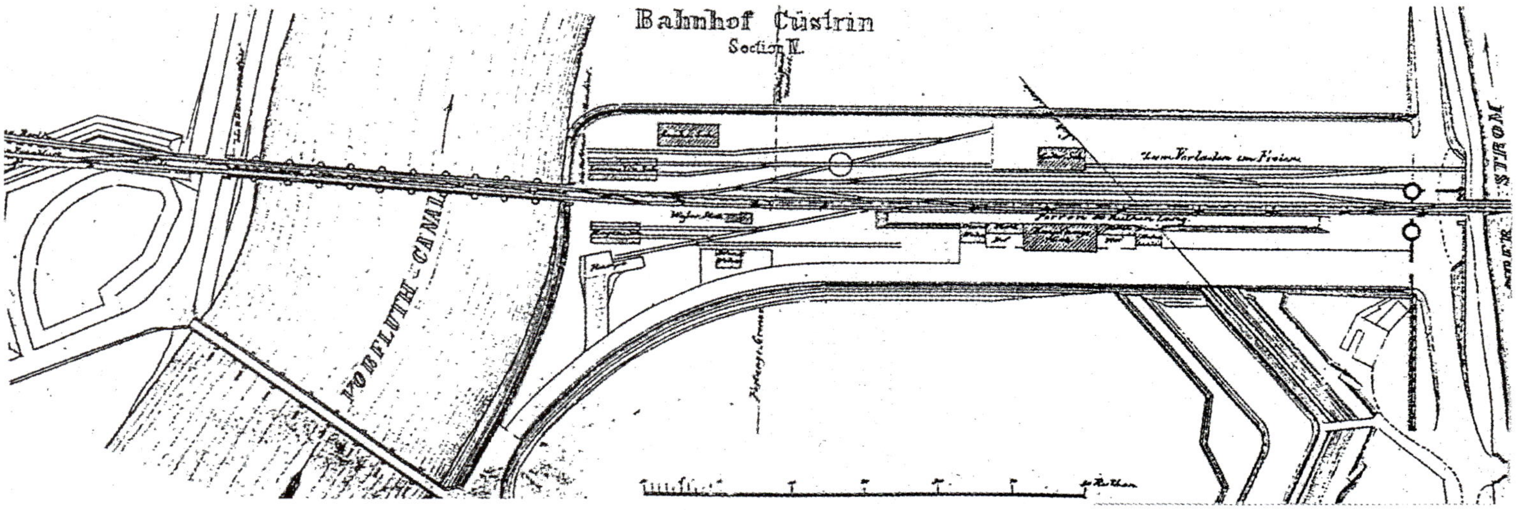

Gleisplan des Bahnhofs Cüstrin zwischen Oder-Vorflut und Stromoder (um 1870). Der Plan lässt die elf Öffnungen der Vorflutbrücke deutlich erkennen
Slg. Peter Bley

Bahnhof Cüstrin Altstadt um 1910. Das Bahnhofsgebäude durfte wegen der nahen Festung nur als Holzfachwerkbau errichtet werden. Die Pferdebahn führte in die Altstadt Slg. Ralf Böttcher

halb des Festungsrayons bei Kietz – knapp eineinhalb Kilometer westlich der genannten „Anschluß-Station Cüstrin" – am Trennpunkt der Strecken in die Richtungen Berlin bzw. Frankfurt (Oder) auch ein besonderer Rangierbahnhof („Cüstrin Lange Vorstadt"?) angelegt; dort sollten die in Richtung Frankfurt (Oder) laufenden Güterwagen aus den nach Berlin weiterfahrenden Güterzügen ausrangiert werden bzw. umgekehrt.

Vielleicht 1879, spätestens gemäß Reichskursbuch vom 15. Mai 1880 war „Kietz" Haltepunkt sowohl für Personenzüge Richtung Berlin als auch Richtung Frankfurt (Oder); zunächst hielten die Züge nur bei Bedarf, ab 15. Oktober 1880 dann regelmäßig. Zum 1. April 1887 wurde der bisherige Haltepunkt Kietz in einen Bahnhof umgewandelt und für den gesamten Personen-, Güter- und Tierverkehr freigegeben.

1843/44 hatte in Schlesien die Breslau-Schweidnitz-Freiburger Eisenbahngesellschaft (BSFE) zwei Strecken mit 67 Kilometern Gesamtlänge eröffnet und 1856 zunächst auch Liegnitz erreicht. In den 1860er-Jahren gewann die Abfuhr von Steinkohle aus Oberschlesien große Bedeutung, etliche Eisenbahngesellschaften sahen darin ein profitables Geschäft. Dazu zählte auch die BSFE, die in den 1870er-Jahren ihr Streckennetz schrittweise in Richtung Stettin – nach dem wichtigsten Hafen für die Kohleausfuhr über die Ostsee – ausdehnte. Am 1. Oktober 1871 war zunächst Rothenburg (Oder) erreicht, und aufgrund der Konzession vom 6. April 1872 setzte die BSFE den Bahnbau nach Norden fort. Am 1. Mai 1874 wurde der Bahnbetrieb von Rothenburg nach Reppen eröffnet, am 2. Januar 1875 folgte die Strecke Reppen–Küstrin. Ab 16. November 1876 verkehrten die Züge weiter nach Königsberg (Neumark), und mit Fertigstellung der Strecke Königsberg (Nm)–Stettin am 15. Mai 1877 war die BSFE durchgehend von Schlesien bis Stettin eingleisig in Betrieb.

Ein neuer Bahnhof für Küstrin

Von nördlich Rothenburg bis Stettin sollte die Neubaustrecke östlich der Oder verlaufen, damit musste sie auch die schon vorhandene Ostbahn östlich der Oder kreuzen. Für die Ostbahn führte der Staatshaushaltsetat 1875 hierzu aus: „Die Beschränktheit des bestehenden Bahnhofes Küstrin, sowie die Nothwendigkeit einer direkten Kommunikation mit dem am rechten Ufer der Warthe projektirten Bahnhof der Linie Breslau–Glogau–Reppen–Stettin bedingt die Ausbildung eines zweiten Personenbahnhofs der Ostbahn am Kreuzungspunkte mit jener Linie. Nach den mit der Breslau-Schweidnitz-Freiburger Eisenbahngesellschaft getroffenen Vereinbarungen hat die Ostbahn einen Theil der Kosten für die gemeinschaftliche Thurmstation und die Verbindungs- und Uebergabe-Geleise zu tragen und zwei Nebengeleise längs den Ostbahn-Hauptgeleisen auf eigene Kosten herzustellen. Die überschläglich dafür berechneten Beträge belaufen sich auf 450 000 Mark. ..."

Der neue Bahnhof wurde als Turmbahnhof ausgebildet, in dem die BSFE die Ostbahn in schrägem Winkel unterquert. An der Südostseite des Schnittpunktes entstand nach einem Entwurf des Architekten Eduard Römer ein markantes, mit roten Klinkersteinen gestaltetes Empfangsgebäude. Nachdem die BSFE Küstrin bereits seit dem 2. Januar 1875 bediente, nahm die Ostbahn ihre neue Station „Cüstriner Vorstadt" am 15. April 1876 in Betrieb. Anfangs hielten hier nur einige Personenzüge, doch schon nach wenigen Jahren wurde dieser Bahnhof zum Hauptbahnhof, zumal in dessen Umfeld inzwischen die Neustadt von Küstrin schnell heranwuchs. Nördlich des Schnittpunktes mit der Ostbahn errichtete die BSFE auch einen Güterbahnhof, der zugleich als Übergabebahnhof zur Ostbahn diente.

Der Bahnhof Cüstrin-Kietz etwa in den 1920er-Jahren. Das Bahnhofsgebäude stand im Keil zwischen der 1866/67 eröffneten Ostbahn-Hauptstrecke von und nach Berlin und der schon seit 1857 vorhandenen Strecke Richtung Frankfurt (Oder) Slg. Ralf Böttcher

Die Brücken über Oder und Warthe bildeten wegen des stark angewachsenen Zugverkehrs zunehmend ein Hindernis für die Schifffahrt, deswegen wurden in den Etats 1875 und 1876 Mittel bereitgestellt für die Aufstellung von Kränen, die die Schiffsmasten niederlegten bzw. wieder aufrichteten und so Schiffspassagen ohne Öffnung der Drehbrücken ermöglichten.

Ein neuer Rangierbahnhof und zusätzliche Strecken

Der Etat 1875 hatte für die Ostbahn auch den Bau eines neuen Rangierbahnhofs zwischen der Zorndorfer und der Landsberger Chaussee – somit östlich des künftigen Personenbahnhofs Cüstriner Vorstadt – in Aussicht gestellt, allerdings wurden zunächst nur Finanzmittel für einen achtständigen Lokomotivschuppen bewilligt. Nach langwierigen Verhandlungen mit der BSFE konnte die Ostbahn ihren neuen Rangierbahnhof 1880 in Betrieb nehmen. Vom 1. September 1882 an gab die Ostbahn ihre bisherige Personenhaltestelle Cüstriner Vorstadt auch für den Güterverkehr frei.

Nachdem Preußen und die BSFE mit Vertrag vom 12./16. Oktober 1883 die Verstaatlichung der BSFE vereinbart hatten und am 24. Januar 1884 ein entsprechendes Gesetz ergangen war, übernahm die Staatsbahn am 1. März 1884 Verwaltung und Betrieb dieser Bahn.

Im Reichskursbuch 1887 findet sich für den neuen Bahnhof in Küstrin erstmals die geänderte Schreibweise „Cüstrin Vorstadt". Der benachbarte Rangierbahnhof genügte bald nach seiner Inbetriebnahme den gestiegenen Anforderungen nicht mehr. Er wurde daher von 1894 bis 1900 umfassend erweitert, zudem entstand eine leistungsfähigere Verbindung zwischen dem Rangierbahnhof und dem Güterbahnhof der vormaligen BSFE. Beide Bahnen waren in Küstrin über eine den Lokschuppen der Ostbahn östlich tangierende Nordostkurve miteinander verbunden. Der Ausbau des Rangierbahnhofs behob die Betriebsschwierigkeiten nur vorübergehend, denn in den folgenden Jahren nannten der Staatshaushaltsetat oder der jährlich erstattete Baubericht der Staatsbahnverwaltung regelmäßig mehr oder weniger umfangreiche Bauausführungen in Küstrin, wie

- den Bau eines Personentunnels (1905/06),
- den Bau eines vierten Brückenüberbaues über den unteren Bahnhof (1906/07),
- den Bau eines Lokschuppens und zusätzlicher Gleise u. a.

Bereits am 31. August 1882 war mit der Stargard-Cüstriner Eisenbahngesellschaft eine Nebenbahn hinzugekommen, die über Pyritz und Glasow in Richtung Küstrin führte und in Cüstrin Vorstadt im oberen Bahnhof endete. Am 1. April 1903 ging die Stargard-Cüstriner Bahn in das Eigentum Preußens über. Auch der untere Bahnhof wurde Ausgangspunkt einer Privatbahn, der späteren Kleinbahn Cüstrin–Hammer, die am 15. Dezember 1896 zunächst bis Sonnenburg eröffnet wurde. Vom Bahnhof Cüstrin Vorstadt bis zur 1,9 Kilometer entfernten Abzweigstelle Kietzerbusch nutzte die Kleinbahn die frühere BSFE Richtung Reppen mit. Ab 15. November 1897 war Kietzerbusch auch Haltepunkt für die Personenzüge Richtung Reppen wie für jene Richtung Sonnenburg. Am 22. Oktober 1906 wurde die Kleinbahn nach Kriescht und ab 5. Januar 1915 bis nach dem 42,7 Kilometer von Küstrin entfernten Hammer verlängert.

In Kürze

Bahnhofsnamen in Küstrin ab 1904

Alter Name	Neuer Name
Cüstrin	Cüstrin Altstadt
Cüstrin Vorstadt	Cüstrin-Neustadt (Hbf)
Kietz	Cüstrin-Kietz

Das Bahnwesen 1892 bis 1918

Aus dem Jahre 1892 liegen einige aufschlussreiche Zahlen über Küstrin und seine Bahnhöfe vor. Die Stadt zählte damals 16.672 Einwohner, der Bahnhof 1. Klasse Küstrin

Die Mitte der 1920er-Jahre errichtete neue Brücke über die Oder. Der Blick geht hier von der Oderinsel auf den Hauptüberbau und die sich daran anschließenden Überbauten über das östliche Vorland

Slg. Peter Bley

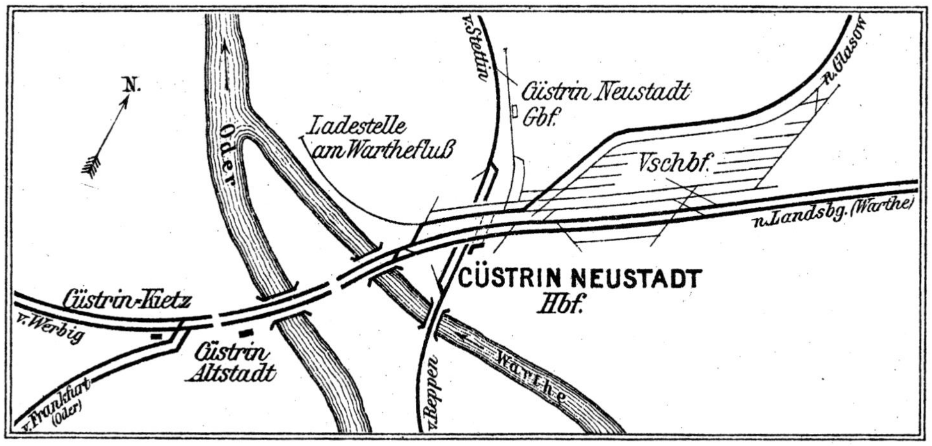

Links: Schematischer Plan des Eisenbahnknotens Küstrin, Stand 1922. Rechts: Straßenansicht des rot verklinkerten Empfangsgebäudes des Bahnhofs Küstrin Neustadt Hbf (um 1930)

Slg. Peter Bley (2)

(Vorstadt) besaß je eine eigene Fahrkartenausgabe, Güterabfertigung, Eilgutabfertigung und Entseuchungsanstalt, 106 Weichen, zwei feste Rampen, drei Lastenkräne, zwei Gleiswaagen, zwei Privatanschlüsse, ferner zwei Wasserstationen, drei Lokdrehscheiben, zwölf Lokstände sowie sechs hier stationierte Lokomotiven. Der Bahnhof Cüstrin auf der Oderinsel war deutlich kleiner, allerdings gab es hier eine Betriebswerkstatt mit acht Lokständen und gleichfalls sechs stationierten Lokomotiven.

Am 1. Juli 1904 erhielten die Bahnhöfe in Küstrin neue Namen (siehe Kasten S. 61).

1913 begann der zweigleisige Ausbau der rund 30 Kilometer langen Strecke Küstrin-Kietz–Frankfurt (Oder), und schon am 1. Mai 1914 konnte hier das zweite Gleis zunächst bis Lebus in Betrieb genommen werden. Gleichfalls 1913 beabsichtigte die weiterhin für Küstrin zuständige Königliche Eisenbahn-Direktion (KED) Bromberg die Durchführung von Vorarbeiten für eine umfangreiche Erweiterung der Bahnanlagen in Küstrin, zudem sollten die Brücken über Oder und Warthe erneuert und zusammen mit den Brückenrampen bis zu eineinhalb Meter höhergelegt werden. Wegen des Kriegsausbruchs 1914 wurden die Vorarbeiten zurückgestellt.

Die Zeit von 1920 bis 1945

Nach dem Ersten Weltkrieg war Küstrin von der nun zu Polen gehörenden Direktion Bromberg in die Zuständigkeit der Eisenbahndirektion (ED)/Reichsbahndirektion (RBD) Osten übergegangen, die zur Personal- und Kosteneinsparung den Bahnhof Küstrin-Kietz mit Ablauf des 15. Februar 1924 für den gesamten öffentlichen Verkehr schloss. Die Stadt protestierte hiergegen und erreichte beim Reichsverkehrsministerium, dass ab 5. April 1924 täglich wieder zehn Personenzüge in Kietz hielten, jedoch hatte die Stadt hierfür jährlich einen Zuschuss von 1.500 Goldmark an die Reichsbahn zu zahlen. Erst vom 1. Januar 1938 an war der Bahnhof Küstrin-Kietz auch wieder für den Wagenladungsverkehr freigegeben.

Im Sommer 1939 hielten in Küstrin 31 Fernreise- und 37 Personenzüge. Der Krieg veränderte alles

1924 wurde die Erneuerung der Brücken über Oder und Warthe und deren Höherlegung erneut aufgegriffen. Jedes der beiden Ostbahngleise sollte die Oder auf einer vierfeldrigen und die Warthe auf einer dreifeldrigen Stahlfachwerkbrücke überqueren; der Hauptüberbau war jeweils mit 80,0 Meter, die weiteren Überbauten waren mit je 53,4 Meter Länge vorgesehen, hinzu kam je eine massive Wegunterführung. Die Warthe-Vorflutbrücke sollte durch fünf massive Viaduktbögen und die Brücke über den Festungsgraben durch einen Damm ersetzt werden. Der Bahnhof Küstrin Altstadt wurde um 1,37 Meter höhergelegt, deswegen entstand als Ersatz für das alte Empfangsgebäude aus Holzfachwerk ein neues massives Gebäude. 1924 wurden auch die Gitterträgerüberbauten der beiden elffeldrigen Brücken, auf denen die Hauptgleise die Oder-Vorflut überquerten, durch neue Blechträgerüberbauten ersetzt; elf der alten Überbauten fanden dort eine neue Verwendung

In Kürze

Zugangebot Sommer 1939

Werfen wir an dieser Stelle einen Blick in das ab 15. Mai 1939 gültige Kursbuch, das folgende Zugzahlen mit Halt in Küstrin Neustadt Hbf nennt:

Strecke	Zugzahl je Richtung und Tag	
Richtung	FD/D/E	P
a) Oberer Bahnhof (Ostbahn)		
Berlin	13	9
Landsberg (W)	13	10
Frankfurt (Oder)	5	11
Glasow	–	7
b) Unterer Bahnhof (ehem. BSFE)		
Stettin	2	7
Reppen	4	6
Sonnenburg	–	7

Züge, die nur an einzelnen Wochentagen verkehrten, sind in den genannten Zahlen nicht enthalten, zudem passierten mehrere FD- und D-Züge der Ostbahn Küstrin Neustadt Hbf ohne Halt.

als dritter Brückenzug für ein Ausziehgleis. Am 14. Oktober 1926 wurden die neuen Brücken mit einer Feier offiziell in Betrieb genommen. Ob ein 1938 eingeleiteter Neubau der Oder-Vorflutbrücke über Vorarbeiten hinauskam, muss offen bleiben.

Am 17. September 1928 gab die RBD Berlin bekannt. „Die Stadt Cüstrin wird fortan Küstrin geschrieben. Ab sofort werden die Bahnhofsnamen auch Küstrin-..... geschrieben."

Im Sommer 1939 machten in Küstrin Neustadt Hbf im oberen Teil 31 Fernreisezüge (FD/D/E) und 37 Personenzüge Halt, im unteren Teil waren es sechs Fernreisezüge und 20 Personenzüge. Züge, die nur an einzelnen Wochentagen verkehrten, sind dabei nicht eingerechnet (siehe Kasten o.).

Während des Zweiten Weltkrieges war der Eisenbahnknoten Küstrin ein wichtiges Drehkreuz zwischen Reichsgebiet und Kriegsschauplatz im Osten, deswegen war sein Ausbau in den Listen des Reichsverkehrsministeriums über kriegswichtige Bauvorhaben ab 1942 zwar ständig vorgesehen, doch fehlten hierfür die Mittel.

Am 12. Januar 1945 begann eine Großoffensive der Roten Armee, die Deutsche Wehrmacht wurde dadurch in schnellem Tempo an die Oder zurückgedrängt. Anfang Februar gab es westlich der Oder schon sowjetische Brückenköpfe, nördlich von Küstrin bei Kienitz und südlich von Küstrin bei Reitwein. In dem am 25. Januar zur Festung erklärten Küstrin hielt sich die Wehrmacht in der alten Festung, die zunächst noch mittels eines nur wenige Kilometer breiten Schlauchs über Kietz von Manschnow aus versorgt werden konnte. Am 22. März war damit Schluss, und der Wehrmachtsbericht für den 31. März 1945 meldete: „...Aus Küstrin haben sich 1000 Mann durchgeschlagen. ..." Die seit über 700 Jahren preußisch-deutsche Stadt Küstrin war damit untergegangen, zumal sie nach den erbitterten Kämpfen so stark zerstört war, dass die in der Festung gelegene Altstadt bis heute nicht wieder aufgebaut und zu einem „Pompeji des Nordens" wurde.

Auszug aus der Topografischen Karte (Messtischblatt) 3453 „Küstrin", Stand 1934. In der Mitte die Altstadt, oben rechts die Neustadt mit dem Bahnhof Küstrin Neustadt Hbf und unten links Kietz

Slg. Peter Bley

Der heutige Bahnhof Kostrzyn am 30. Juli 2006. Im oberen und im unteren Bahnhof sind Sonderzüge bereitgestellt für den Heimtransport von Besuchern des Rockfestivals „Przystanek (Haltestelle) Woodstock" (heute „Pol'and'Rock Festival")

Peter Bley

Die Fortsetzung in Heft 1/2023 befasst sich mit der Entwicklung des Bahnknotens Küstrin nach 1945

Auf der „Ligne des Causses" Béziers – Neussargues haben BB 4162 und eine Schwesterlok am 2. August 1985 einen Güterzug übernommen, im Bild bei Aguessac. Typisch für die Elektrifizierung einiger Midi-Strecken waren die spitzbögigen Portale zur Befestigung der Oberleitung. Diese sind sowohl an eingleisigen Strecken wie hier als auch an zweigleisigen Strecken wie Bordeaux – Hendaye anzutreffen. Bilder dieser Oberleitung gingen 1955 um die Welt, als die BB 9004 der SNCF auf einem Teilstück den Ellok-Weltrekord von 331 km/h aufstellte Harald Schönfeld

Elloks der Midi-Bahn

100 Jahre Kastenloks

Sie waren klein, rustikal, ziemlich markant und setzten bald Maßstäbe: Die vierachsigen Elektrolokomotiven „BB Midi", mit denen die Chemins de Fer du Midi im Süden Frankreichs 1922 den Betrieb mit 1.500 Volt Gleichspannung aufnahm. Auf einen durchwachsenen Start folgten mehrere Fahrzeuggenerationen und eine langjährige Betriebskarriere *Von Harald Schönfeld/GM*

Deutschland hatte zweimal unbeabsichtigt Einfluss auf die Elektrifizierung der französischen Eisenbahnen. 1920 war es ein negativer Einfluss: Nach dem Ersten Weltkrieg galt es, ein System zu installieren, das dem deutschen System konträr entgegenstand. Weil Deutschland sich für eine Oberleitung mit Wechselspannung 15 kV 16 2/3 Hz entschieden hatte, wählte man in Frankreich Gleichspannung 1,5 kV. Bei einem erneuten Kriegsfall, so die Hoffnung, sollte dies einen deutschen Vormarsch auf der Schiene aufhalten, mindestens aber erschweren. 1948 war es ein positiver Einfluss: Nach dem Zweiten Weltkrieg war Frankreich als Besatzungsmacht auch Herr des Schwarzwaldes mit der Höllentalbahn. Dies war seit 1934 eine Versuchsstrecke der Reichsbahn mit Wechselspannung 20 kV der Landesfrequenz 50 Hz. Französische Experten nahmen die guten Ergebnisse zur Kenntnis und richteten in Savoyen die Strecke von La Roche-sur-Foron nach Aix-les-Bains für Versuche mit 20/25 kV 50 Hz her. Deutschland konnte sich nicht zur Umstellung entschließen, aber Frankreich elektrifiziert seit 1953 mit 25 kV 50 Hz – dies ist heute das weltweit dominierende System.

Jubilar „BB Midi"

Vor 100 Jahren wurde die Entscheidung für das Gleichspannungssystem dann auch erstmals in die betriebliche Praxis umgesetzt: Am 30. Oktober 1922 eröffnete E-4002, die erstgebaute Gleichstrom-Lok Frankreichs für 1,5-kV-Fahrleitung, den Betrieb auf der Strecke Lourdes – Pau. Dies war ein Teilstück der Pyrenäen-Hauptstrecke, betrieben von der großen „Compagnie des Chemins de Fer du Midi“, der französischen Südbahn. Es war der Start eines später rund 300 Exemplare umfassenden Typs vierachsiger laufachsloser Kastenloks, in Fachkreisen kurz „BB Midi“ genannt. Die Stromversorgung mit Gleichstrom relativ niedriger Spannung hatte den Bau laufachsloser Elektrolokomotiven technisch begünstigt.

Der Betriebsstart fiel noch in die Zeit vor der Staatsbahn SNCF, die erst 1938 gegründet wurde. Bis dahin agierten in Frankreich einige große, aber regional begrenzte Eisenbahngesellschaften. Im Süden war das die erwähnte, kurz „Midi“ genannte Bahn. Deren Hauptstädte waren Bordeaux und Toulouse, ihr Arbeitsfeld waren aber auch viele kleinere Strecken in den Pyrenäen. Als einzige der Bahngesellschaften hatte sie keine Anbindung an Paris. Sie hatte auch schlechten Zugang zur Kohle, aber guten Zugang zu den Wasserkräften des Gebirges. Der Gedanke einer Elektrifizierung reifte deshalb schon früh.

Start mit Wechselstrom

Als die Midi diese Idee entwickelte, stand ein Konflikt mit dem deutschen Nachbarn noch nicht im Raum. Und so beschlossen die Verantwortlichen, dass sich ihr Stromsystem an den deutsch-schweizerischen Standard 15 kV, 16 2/3 Hz Wechselspannung anlehnen sollte. Die Bahngesellschaft PLM hatte bereits an der Côte d’Azur die Strecke Cannes – Grasse versuchsweise mit 12 kV, 25 Hz elektrifiziert. Nun plante die Midi langfristig für 850 Kilometer Strecke das System 12 kV, 16 2/3 Hz. Erste Versuchsstre-

SNCF-Wechselstromtriebwagen Z 4907 und 4904 der Compagnie du Midi aus dem Jahr 1912, eingesetzt auf der Strecke Perpignan - Villefranche-de-Conflent nahe der spanischen Grenze im Südosten Frankreichs. Das Bild entstand am 11. Mai 1971, noch im selben Jahr schieden die Fahrzeuge aus dem Dienst aus Joachim Claus/Bildarchiv der Eisenbahnstiftung

Die „Pyrenäen-Metro“und hinten ein Gleichstrom-Triebwagen Z2 am 29. Juli 1985 in Villefranche. Hier fuhren lange Zeit noch Triebfahrzeuge mit Wechselspannung Harald Schönfeld

Vertreterinnen der BB Midi waren auch als Rangierloks in großen Bahnhöfen eingesetzt. Hier zwei Exemplare der ersten Generation: links die nunmehrige BB 1615 in Lyon-Perrache (August 1977), rechts die BB 1639 mit Rangierkupplung in Paris Gare de Lyon (Mai 1980) Harald Schönfeld (2)

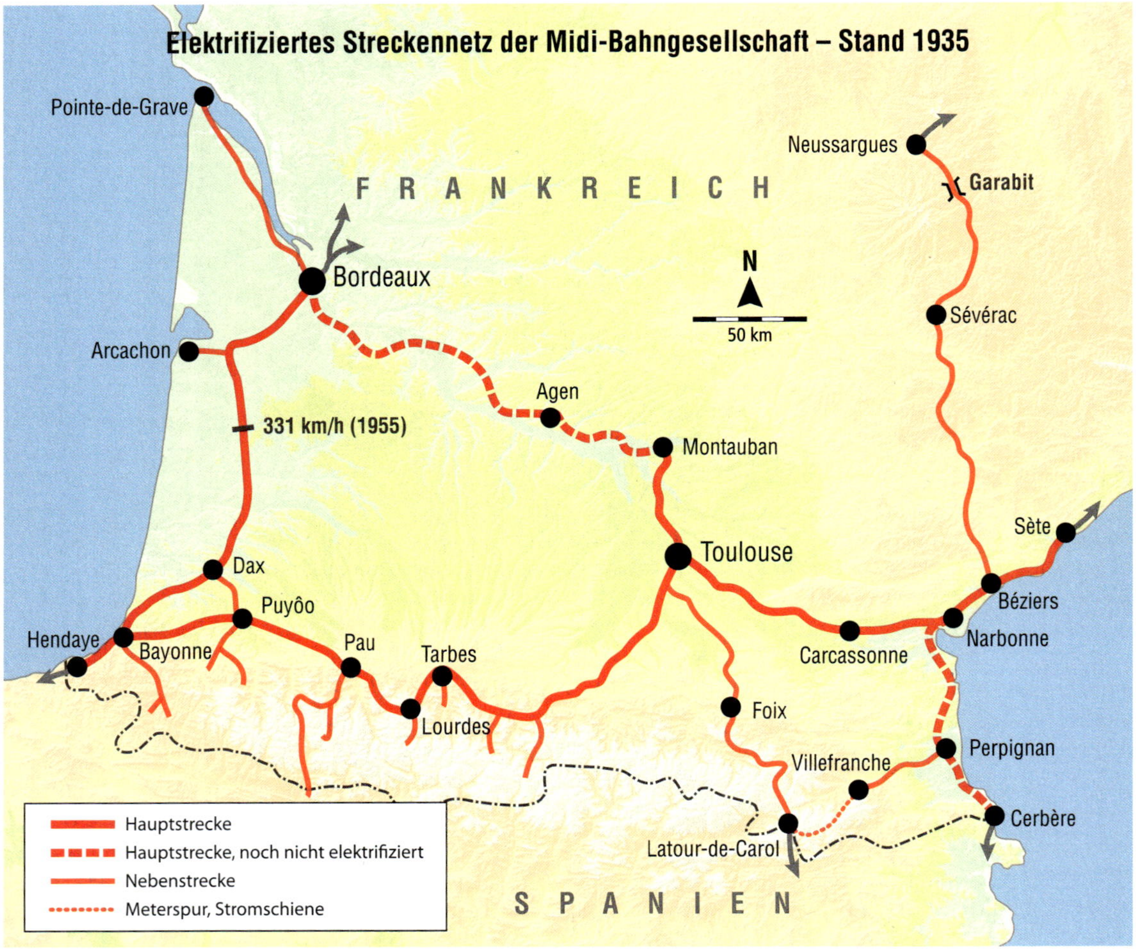

Die wesentlichen Strecken der Midi-Bahn einschließlich des Abschnitts, auf dem 1955 der Geschwindigkeits-Weltrekord aufgestellt wurde (l.). Oben ein gemeinsamer Prospekt der Midi- und der Orléans-Bahn, der für die Pyrenäen wirbt; er stammt aus dem Jahr 1932 Harald Schönfeld, Bearbeitung: Anneli Nau (l.), Slg. MHZ (o.)

cke war ab 1911 im Südosten die 46 Kilometer lange Nebenbahn Perpignan – Villefranche-de-Conflent, wenig später kamen drei Teilstrecken im Raum Tarbes/Lourdes hinzu.

Zur Pioniertat gehörte die internationale Bestellung von Prototyp-Elektrolokomotiven bei sechs verschiedenen Herstellern. Vorgegeben waren die Achsformel 1'C 1', ein Reibungsgewicht von 54 Tonnen und die Forderung, auf 22 Promille Steigung mit 400 Tonnen Zuggewicht anzufahren, mit 300 Tonnen 40 km/h und mit 110 Tonnen 60 km/h zu erreichen. Bemerkenswert ist, dass die von Jeumont gelieferte Lok 3401 bereits mit Einzelachsantrieb fuhr, während die anderen fünf Elloks Stangenantrieb hatten. Nach der Erprobung wurden nur drei dieser Loks übernommen. Sie waren allein für den Güterverkehr gedacht. Für den Personenverkehr wurden 30 Triebwagen von einer belgischen Firma gekauft.

Die Wende zum Gleichstrom

Nach dem Ende des Ersten Weltkrieges sah das französische Verkehrsministerium wohl aus strategischen Gründen die Notwendigkeit, das dem deutschen Standard ähnliche 16 2/3Hz-System zu verlassen und für Frankreichs Bahnen einheitlich 1,5 kV Gleichspannung vorzuschreiben. Dies geschah mit einer „Décision ministerielle“ vom 29. August 1920. Mit Ausnahme der entlegenen Strecke Perpignan – Villefranche musste die Midi alle begonnenen Installationen von Wechsel- auf Gleichspannung umstellen. 14 der Triebwagen wurden auf Gleichstrom umgebaut, auch eine der Loks. Neue Gleichstromloks wurden in Eile bei der heimischen, in Tarbes ansässigen Firma CEF (Constructions Electriqués de France) konstruiert und in

Einsatzimpressionen der BB Midi: Am 9. August 1990 bringt BB 4228 (dritte Generation) einen Regionalzug in den Bahnhof Toulouse-Matabiau (l.), am 16. Mai 1980 hat BB 4681 (zweite Generation) in Paris-Austerlitz den TEE „Aquitaine“ nach Bordeaux bereitgestellt (r.) Harald Schönfeld (2)

vielen kleinen Serien gebaut: die „BB Midi“. Das sind relativ kleine rustikale Kastenloks mit der bahnbrechend laufachslosen Achsformel Bo’Bo‘ – dem heute weltweiten Standard. Die Drehgestelle trugen (wie zehn Jahre später auch bei der deutschen E 44) die Zug- und Stoßvorrichtungen. Die Radsätze hatten Tatzlagerantrieb. Dabei saßen die Motoren auf einer Wippe, die einerseits im Drehgestellrahmen, andererseits auf der Radachse gelagert war. Die Kraftübertragung erfolgte beidseitig des Motors über Zahnräder, deren Übersetzung dem Arbeitsgebiet der Lok angepasst werden konnte.

Große Ambitionen bezüglich Leistung und Geschwindigkeit hatte man nicht. Aufgabe war es, die vorhandenen Dampfloks abzulösen. Doppeltraktionen waren abzusehen, deshalb gab es auch Stirnwandtüren zusätzlich zu den Seitentüren. Damit war der Platz für das Bedienungspult in der linken Ecke recht beengt…

Die Entwicklung der Loks lehnte sich an den englischen Bo’Bo‘-Typ EF1 der North

Vor der Hochhauskulisse von Paris Montparnasse rangiert BB 4247, eine Lok der dritten BB-Midi-Generation, im September 1983. Ein altes SNCF-Logo ziert die einstige Midi-Ellok Harald Schönfeld

Kurzfristig musste die Midi auf Gleichstrom umstellen. Dafür orderte sie die BB-Elloks

Eastern Railway an, der schon seit 1914 gebaut wurde. Die Motoren stammten von der Firma Dick, Kerr & Co. CEF kaufte derartige Motoren zunächst in England und erwarb dann eine Lizenz zum Nachbau.

Start mit E-4000 und E-4500

Die erste Bauserie, zu der auch die „Premierenlok“ E-4002 zählte, umfasste 20 Maschinen der Baureihe E-4000 für den Güterverkehr. Der Start war unbefriedigend, denn es gab Probleme in der Elektrik und eine Überhitzung der Motoren. 1926 war ein Umbau fällig. Dabei wurden auch die Getriebe geändert und die Lokomotiven der schnelleren Reisezug-Baureihe E-4500 zugeordnet. Von diesem Typ waren ab 1923 bereits 30 Stück gebaut worden, sodass nun 50 schnelle Loks verfügbar waren. Diese hatten bereits elektrische Rekuperations-Bremsen. Die vorübergehend verschwundene Baureihe E-4000 wurde ab 1926 durch 40 neue Loks wiederbelebt. Diese besaßen elektrische Widerstandsbremsen. Sieben ähnliche Loks beschaffte auch eine spanische Bahn für die in La Tour-de-Carol anschließende Breitspurstrecke nach Ripoll hinunter. Ihre Elektrik hatte CEF (Tarbes) beigesteuert. Später bei den spanischen Staatsbahnen RENFE wurden diese Loks als Baureihe 281 geführt und von 1,5 auf 3 kV Gleichspannung umgebaut.

Entgegen den ursprünglichen Erwartungen war den beiden Midi-Baureihen E-4000 und E-4500 ein langes Leben beschieden. Die SNCF ließ sie in den 1950er-Jahren in Rangierloks umbauen, was ihnen auch neue Baureihennummern einbrachte. Aus E-4000 wurde BB-1500 und aus E-4500 BB-1600. Sie wanderten in Großstädte außerhalb des alten Midi-Gebietes aus, nach Lyon und Paris, und arbeiteten dort zum Teil bis in die frühen 1980er-Jahre, sogar neben den ersten TGV-Zügen. Lok BB 1632 wurde, auch mit Hilfe fremder Teile, zur E-4002 zurückverwandelt und steht im Museum Mülhausen.

Zweite Generation: E-4100, E-4600

An der zweiten Generation der Kastenloks wurden auch die Firmen Siemens und Alsthom beteiligt. Alsthom lieferte die Motoren. Deren Leistung war um 70 Prozent höher als bei der ersten Generation, die Güterzugversion E-4100 konnte 75 statt 60 km/h fahren.

Wichtig war auch die Vielfachsteuerung für bis zu drei Lokomotiven, denn Doppeltraktion war auf den Gebirgsstrecken fast die Regel. Die Loks waren etwas länger und unterschieden sich auch durch drei Seitenwandfenster von der ersten Generation, die zweimal zwei Fenster besaß.

Im Einzelnen wurden ab 1928 für den Güterverkehr 90 Loks (E-4101 bis E-4190) und ab 1929 für den gemischten Dienst 50 Loks (E-4601 bis E-4650) gebaut. Später kam es zu einigen gegenseitigen Umbauten der Übersetzungen. Somit standen in Frankreich schon mehr als 200 Bo‘Bo‘-Elloks im Dienst, als auch in Deutschland mit der E 44 001 diese sparsame Achsformel ihren Siegeszug antrat.

Ohne spektakuläre Umbenennungen gingen 42 der langsamen Loks in den Rangierdienst. 1987 wurde die letzte Lok der zweiten Generation ausgemustert.

Dritte Generation: E-4200, E-4700

Eine dritte Generation der Elloks wurde nötig, als 1932 die 280 Kilometer lange Gebirgsbahn „Ligne des Causses“ elektrifiziert war. Diese führt von Béziers nahe dem Mit-

In Kürze

Bauserien und technische Daten der BB Midi

	Loktyp bei „Midi“ bzw. SNCF					
	E-/BB-4000	E-/BB-4500	E-/BB-4100	E-/BB-4600	E-/BB-4200	E-/BB-4700
Erstes Baujahr	1922	1923	1928	1929	1934	1934
Anzahl	40*	50*	90	50	50	17
Länge ü. Puffer mm	11.850	11.850	12.870	12.870	12.870	12.870
Raddurchmesser mm	1.400	1.400	1.400	1.400	1.400	1.400
Dienstgewicht t	74	74	78	78	80	80
Stundenleistung kW	780	780	1.300	1.300	1.300	1.300
Dauerleistung kW	680	680	1.160	1.160	1.160	1.160
Höchstgeschw. km/h	60	90	75	90	75	90
Umbau in Rangierloks	BB-1500	BB-1600	BB-4152-93		BB-4730-77	

* nach Umbau von 20 E-4000 zu E-4500

Lok BB 4119 aus der zweiten Generation steht als Schneepflug in Toulouse; Unterstützung bekommt sie von der Schwesterlok BB 4737 (April 1996)

telmeer nach Neussargues im Zentralmassiv und weist ein ständiges Auf und Ab mit bis zu 34 Promille Neigung auf. Im nördlichen Teil überquert sie Eiffels berühmten Viadukt von Garabit. Es entstanden mit geringen Differenzen zur zweiten Generation die Baureihen 4200 und 4700 mit Lieferung von 50 bzw. 17 Stück im Jahre 1934. CEF war mittlerweile von Alsthom übernommen worden. Die Loks hatten generell Bremsen mit Rekuperation. Man stimmte zum Teil die Fahrpläne mehrerer Züge aufeinander ab und erreichte damit, dass ein talwärts fahrender Zug Strom rückspeisen und damit einen woanders bergwärts fahrenden direkt unterstützen konnte.

Optisch unterschieden sich die neuen Loks durch vier Seitenfenster mit größeren Abständen. Wie in der Vergangenheit wurden auch hier mehrmals gegenseitige Wechsel zwischen den Baureihen vorgenommen. 1976 wurde die Unter-Baureihe BB 4730 für den Rangierdienst geschaffen, in die nach und nach 48 Loks aus beiden Baureihen wanderten. Als letzte aktive BB Midi konnte man sie bis 1997 in Paris-Montparnasse und den großen Bahnhöfen in Orleans, Tours und weiter südlich sehen. Die „Ligne des Causses" hatten sie 1986 verlassen.

Späte Schwestern bei anderen Bahnen

Der schwache Start der „BB Midi" war vergessen, die BB-4700 erwiesen sich als eine erfolgreiche Beschaffung der Bahngesellschaft. Damit bekamen auch andere Bahngesellschaften Interesse an derartigen Loks.

Die staatliche ETAT beschaffte für ihre Strecke Paris – Le Mans 1936 bei Alsthom 35 ähnliche Loks, die wenig später bei der SNCF BB 901 bis 935 hießen. Sie waren etwas stärker und schneller als die BB 4700 und erhielten später neue Fronten ohne Stirnwandtüren.

Die „Midi" fusionierte 1934 mit der „PO", der Paris-Orleans-Bahn, zur „PO-Midi". Diese bestellte 1936 bei Alsthom/Siemens noch 24 ähnliche Loks, die bei der SNCF als BB 301 bis 324 bezeichnet wurden. Nach dem Krieg kamen noch die BB 325 bis 355 hinzu, nun mit der stolzen Dauerleistung von 1.540 kW. In den 1960er-Jahren erhielt die zweite Serie auch neue Fronten ohne Stirnwandtüren und 20 Jahre später wurden Loks beider Serien für den Rangierdienst umgebaut. Die letzte BB 300 quittierte 1998 ihren Dienst.

In Summe lassen sich zur Gruppe der „BB Midi" 387 Loks rechnen, die über 76 Jahre hinweg ihren Dienst recht unauffällig im Gleichstrombereich Frankreichs verrichteten. Es ist also ein sehr bemerkenswertes Kapitel der französischen Lokomotivgeschichte, das vor 100 Jahren mit dem Betriebsbeginn der E-4002 einsetzte.

In Tarascon an der Strecke nach La Tour de Carol ist BB-4736 als Denkmal aufgestellt. Die Nummer verrät: Dies war eine Rangierlok, ursprünglich die 4202 (April 2019)

Thilo Schönfeld, Harald Schönfeld (o.)

Leserbriefe

Heft 5-2022, erschienen im August 2022, erhalten Sie noch bei **verlagshaus24.de**

Bahn Extra 5-2022, Beitrag „Die Königslinie"

Ergänzung zu einem Text

Leider ist bei diesem Beitrag durch einen Fehler in der Produktion der letzte Absatz im Kastentext auf Seite 30 („Weitere Trajekte der DR bzw. im DR-Netz") unvollständig wiedergegeben worden. Komplett lautet der Text dort:

Als internationale Fährverbindung für den Güterverkehr wurde 1986 das Trajekt Mukran – Klaipeda eingerichtet, mit 506 Kilometern Entfernung und 20 Stunden Fahrzeit. Es bestand bis 2013. In die Zeit nach der DR fällt eine andere Fährlinie: Noch immer trajektiert werden Güterwaggons auf der 1994 dafür ertüchtigten Fährlinie zwischen Rostock und Trelleborg.

Wir bitten um Entschuldigung.

Bahn Extra 5-2022, Titelthema „Ostsee-Fährverbindungen von DB und DR"

Eine Rückschau auf die Jahre vor DB und DR

Ein sehr gelungenes Heft ist das neue Bahn Extra mit dem Schwerpunkt Eisenbahn-Fähren auf der Ostsee. Ergänzend dazu ein Bericht aus der Kölnischen Illustrierten Zeitung von 1929 über das Fährschiff „Schwerin".

Volkhard Stern, Bonn

8. November 1969: Die Zuckerrübenkampagne läuft auf Hochtouren. Gegenüber dem DB-Bahnhof Warburg „badet" die 71 Jahre alte Werklok der Zuckerfabrik im goldbraunen Erntesegen. Beinahe ist man an ein „Bällebad" eines großen Möbelhauses erinnert. Nach Minuten der Entspannung und Erholung setzt die waschechte preußische T 3 emsig ihr Rangiergeschäft fort Aufnahmen, wenn nicht anders angegeben: Dieter Bodeck/Slg. Wilfried Kohlmeier

Warburg

Fotolust statt Novemberfrust

Im Spätherbst 1969 machte sich Dieter Bodeck auf den Weg, um das Betriebsgeschehen in Warburg in Westfalen festzuhalten. Dort dampfte es aus fast allen Ecken, bei der Bundesbahn und „nebendran". Zehn Jahre später erlebte ich zumindest noch einen Teil davon *Von Wilfried Kohlmeier*

Die Werklok rückt vor zum DB-Stellwerk, um Güterwagen abzuholen, und zeigt ihre preußische Silhouette. Eine Tafel am Führerhaus informiert: „Auf Bundesbahn zugelassen"

Das näher rückende Jahresende ist bei Fotofreunden nicht gerade favorisiert. Nur Unentwegte gehen dann – vorsorglich in Regenkleidung – auf Fotopirsch. Diesen Mut zeigte auch Dieter Bodeck aus Frankfurt (Main), der sich in der unwirtlichen Jahreszeit am 8. November 1969 nach Warburg begab und mit einer überraschend „bunten" Fotoausbeute nach Hause zurückkehrte. Ich habe es übernommen, die fotografischen Schätze des inzwischen 91-jährigen Freundes aufzuarbeiten

Am 10. November 1979 ist die rüstige Seniorin weiter im Rangiergeschäft. In bester Herbstsonne sendet sie watteweiche Dampfwolken in den Morgen und zieht paffend volle Güterwagen zum Entladen. Schon vier Wochen später wird die T 3 nach 81 Dienstjahren abgestellt. Sie ist die aller-allerletzte T 3 im Alltagsbetrieb Westdeutschlands! Wilfried Kohlmeier

Fotografenglück im Bahnhof Warburg am 8. November 1969: Zufällig begegnet Dieter Bodeck einem seltenen Zug. Die Aufschrift an der Lok sagt es aus: Eine Henschel-Diesellok von 2.500 PS für Indien ist gerade auf Probefahrt (o.); auffällig ist auch der Neuanstrich der Bahnsteigüberdachung mit Bleimennige, die erst seit 2012 verboten ist (r.). Während des Aufenthalts donnert noch 043 381 mit einem Güterzug Richtung Kassel vorbei und lenkt die Blicke der Ingenieure auf sich (u.)

und besondere Episoden publizistisch vorzustellen.

Fürstenzimmer, weißes Gold und die letzte T 3

Die Anreise von Dieter Bodeck nach Warburg geschah wie immer bei seinen Exkursionen per Zug. Der stilvolle Backsteinbau des Empfangsgebäudes von 1852/53 hieß die ankommenden Reisenden würdig willkommen. Sein Fürstenzimmer hatte er aber schon lange verloren, immerhin steht er unter Denkmalschutz. Gleich gegenüber dem Bahnhof lockte die große Zuckerfabrik, die seit 1882 als älteste Fabrik in Ostwestfalen die Ernten der fruchtbaren Warburger Börde zu „weißem Gold“ verarbeitete. In der Erntesaison, der „Kampagne“, wurden die geernteten Zuckerrüben täglich angeliefert, sie kamen in großer Zahl – überwiegend per Bahn im Nahgüterzug. Die Güterwagen wurden vom DB-Bahnhof zu einer großen Betonfläche rangiert, wo man die Rüben entlud und mit Förderbändern in die Fabrikhalle brachte.

Das Rangiergeschäft der Zuckerfabrik oblag seit 1930 (!) durchgehend einer preußischen T 3, die unermüdlich im Einsatz war. Sie wurde 1898 bei Hanomag gebaut und lief zunächst für stolze 32 Jahre auf der Oschersleben-Schöninger Eisenbahn mit der Betriebsnummer 2b. Dann wechselte

Das Rangieren in der Zuckerfabrik Warburg hatte seit 1930 die selbe preußische T 3 in der Hand

sie als Werklok zur Zuckerfabrik Warburg, behielt aber ihre erste Beschilderung für ihre gesamte Betriebszeit. Nach 59 Dienstjahren wurde die Veteranin am 6. Dezember 1979 endgültig abgestellt. Es war die allerletzte T 3 in der Bundesrepublik Deutschland, die noch im Alltagseinsatz stand! Die treue Lok entging zum Glück der Verschrottung und wechselte 1984 zu den Braunschweiger Eisenbahnfreunden, wo sie seit vielen Jahren als rollfähiges Ausstellungsstück zu bewundern ist. Die Zuckerfabrik selbst beendete am 28. Dezember 2019 ih-

Preußin trifft DB-Neubaulok: 57 2559 vom Baujahr 1922 wartet im Bahnhof Warburg neben 023 026 vom Baujahr 1954. Die alte Lok trägt noch ihre bisherige Betriebsnummer, die neue Dampflok hat sich schon dem Computerzeitalter angepasst. Beide sind im Bw Bestwig beheimatet, die 57 wird schon ein Vierteljahr später z-gestellt und am 24. Juni 1970 ausgemustert. Die 023 wartet vor einem klassischen Personenzug auf das Ausfahrsignal

Herbstalltag am Lokschuppen in Warburg: Der Kasseler „Jumbo" mit der Nummer 043 336 wird an der Besandungsanlage ordentlich versorgt. Gerade im Herbst ist ein gut gefüllter Sandkasten wichtig, um Schleudern auf feuchten und schmierigen Schienen zu vermeiden

Gleich nach 043 336 rückt an diesem 8. November 1969 die Bundesbahn-Neubaudampflok 023 026 zum Besanden vor. Einsetzender Nieselregen unterstreicht die Wichtigkeit eines guten Vorrats im Sanddom der Lok. Novemberzeit eben

Ein sanfter Novemberschauer setzt ein und betrübt den Fotografen am Haltepunkt Nörde. Währenddessen rollt die Kasseler Öllok 043 189 gemächlich mit ihrem Güterzug durch den Haltepunkt in Richtung Warburg. Durchnässt drückt Dieter Bodeck auf den Auslöser und beendet dann seine Fußtour

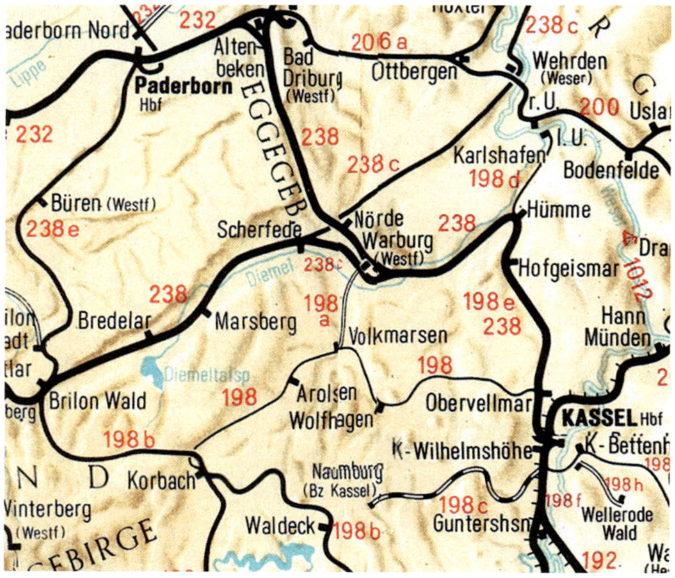

Warburg im DB-Streckennetz der Kursbuchkarte vom Sommer 1968; über den Ort liefen unter anderem Züge der Relation Kassel – Paderborn (– Ruhrgebiet) Slg. Konrad Rothzoll

ren Betrieb. Es hatte ihr leider nichts genutzt, dass sie in den letzten Jahren umweltbewusst als erste Fabrik Deutschlands auch Bio-Zucker produzierte.

DB-Dampf und Henschel-Test

Dieter Bodeck fotografierte am 8. November 1969 die in Rüben „badende" Preußin, die – als auf Bundesbahn-Strecken zugelassene Werklok – bald in den Güterbahnhof fuhr und neue Rübenwagen zum Entladen holte. Am Stellwerk pausierte sie etwas, sodass Dieter Bodeck ins nahe Bahnbetriebswerk ging, wo es schon verlockend qualmte. Hier fuhren nacheinander 023 026 und 57 2559 – beide vom Bw Bestwig – auf die Drehscheibe und waren von allen Seiten zu bewundern. Die Lokbehandlungsanlagen befanden sich alle noch in stilvollem Originalzustand und boten eine einmalige Kulisse, zumal ein November-Schauer eine melancholische Stimmung schuf. Bald rückten beide Maschinen in den Bahnhof Warburg aus, wo sich die 023 026 vor einen Reisezug setzte, dessen Spitze zwei Dreiachser-Pärchen (B3yg) bildeten. Währenddessen wartete die 57 auf dem Nachbargleis. So standen eine Borsig-Lok von 1922 mit alter Nummer und eine Jung-Lok von 1954 mit neuer Nummer dicht nebeneinander, womit Dieter Bodeck die Fortschritte von 32 Jahren Dampflokbau gut studieren konnte.

Nach Ausfahrt des Reisezuges in Richtung Bestwig – Hagen wollte er eigentlich zur T 3 und zur Zuckerfabrik zurückkehren, als er auf der Bahnstrecke aus Richtung Altenbeken ein ungewöhnliches Brummen hörte. Welche Überraschung: Gerade war eine neugebaute Diesellokomotive mit ungewöhnlichem Aussehen angekommen und wurde sofort von Fachleuten aller Art umringt, die aus dem angehängten Gruppe-30-Eilzugwagen kletterten. Dieser schien mit Ingenieuren gut besetzt! Die Lok trug die Nummer 31 302 und zeigte an der Seite des Rahmens eine meterlange Aufschrift mit stolzen roten Buchstaben. Dort stand: „Henschel 2500 PS Diesel Lokomotive für Indien auf Probefahrt". Damit war das Rätsel der Herkunft und des Bestellers gelöst und Dieter Bodeck kam zu seltenen Fotos.

In Warburg wurde eine Henschel-Export-Diesellok für Indien von 043 381 mit Volldampf überholt

Das Lokdesign erinnerte stark an das Äußere von englischen Dieselloks, was bei einer Henschel-Konstruktion für Indien als einem früheren Teil des britischen Commonwealth sicherlich kein Zufall war. Es freute Dieter Bodeck, dass eine starke vierachsige Lok aus den Kasseler Werkshallen die deutsche Ingenieurskunst auf den indischen Subkontinent bringen würde. Höhepunkt des kurzen Aufenthalts im Bahnhof Warburg war die Überholung der Diesellok durch einen Güterzug nach Kassel, dessen Zuglok 043 681 heftig durch den Bahnhof donnerte. Da staunten auch die Begleiter der Diesellok und zollten dem Dampfzug lange und respektvolle Blicke.

Nach der Ausfahrt des Probezuges zog es Dieter Bodeck an die freie Strecke, wobei er für einige Kilometer den Bahngleisen weiter nach Westen folgte. Unterwegs verdüsterte sich der Himmel und es wurde wirklich „November". Dennoch gelangen ihm einige stimmungsvolle Fotos von Dampfgüterzügen und einem damals neuen Dieseltriebwagen der Baureihe 624. In einsetzendem Regen erreichte er den Bahnhof Nörde, wo er nach einer verwackelten Aufnahme eines durchfahrenden Güterzuges die Fototour abbrach. Immerhin: Seine Tagesbilanz des 8. November 1969 lässt sich wirklich sehen!

Und wieder die T 3!

Die Geschichte um die Warburger T 3 hat noch eine sonnige Fortsetzung. Ohne Kenntnis von Bodecks Herbstbesuch 1969 in Warburg war ich genau zehn Jahre und zwei Tage später, am 10. November 1979, auch in Warburg. Das alleinige Ziel war die T 3 der Zuckerfabrik, die dort immer noch im Einsatz war - „still going strong!" Diesmal lachte so-

Zehn Jahre und zwei Tage nach Dieter Bodeck machte ich meinen Abschiedsbesuch in Warburg und traf ebenfalls die T 3 im Rangiergeschäft der Zuckerfabrik Warburg an. Zuverlässig zog sie volle Güterwagen zum Entladen unter den Portalkran oder zeigte sich dem Fotografen in der Herbstsonne. 27 Tage später wurde die Hanomag-Lok endgültig abgestellt und verfehlte damit das 50-jährige Dienstjubiläum bei der Zuckerfabrik Warburg um ein Jahr. Bis zum Schluss trug die Tenderlok eine Reminiszenz an ihren ersten Arbeitgeber am Führerhaus. Sie zeigte dort seit 1898 ihre allererste Loknummer 2b der Oschersleben–Schöninger Eisenbahn, auf der sie immerhin bis 1930 Dienst tat Wilfried Kohlmeier (3)

gar die Sonne durch die Wolken, sodass die Dampflok inmitten von golden scheinenden Zuckerrüben im Einsatz zu sehen war. Unentwegt und in alter Frische rangierte sie mit Zuckerrüben hoch beladene Güterwagen zum Entladepunkt und setzte Leerwagen auf ein Nebengleis. Das ursprüngliche Nummernschild 2 b der Oschersleben-Schöninger Eisenbahn war immer noch in voller Schönheit zu bewundern, der sonstige Zustand war schon etwas mitgenommen. Erst viel später erfuhr ich, dass schon am 6. Dezember 1979 – also nur vier Wochen später – ihr allerallerletzter Betriebstag war. Nach 81 Dienstjahren setzte sich die Warburger T 3 zur Ruhe und beendete die aktive Zeit dieser preußischen Lokomotiv-Legende.

Somit haben beide Fotografen das Vorurteil vom allgemeinen Novemberfrust durch Eisenbahnfotos widerlegt. Es gehört nur – wie immer – ein kleines Quäntchen Glück dazu!

Polizeiruf 110 – „Das Haus an der Bahn"

Ein Eisenbahner unter Verdacht

Die Kriminalfilme der Reihe „Polizeiruf 110" entwickelten sich in der DDR zu einer festen Größe des Fernsehprogramms. Vor 50 Jahren – im März 1972 – wurde Folge 5 ausgestrahlt. In „Das Haus an der Bahn" gehörten fast alle wichtigen Personen zur Reichsbahn *Von Dr. Stefan Vockrodt*

Seit 1970 läuft in der ARD die „Tatort"-Serie, eine der wohl erfolgreichsten Fernsehkrimireihen Europas. 1971 begann der DFF 1 der DDR mit der Ausstrahlung einer eigenen Krimireihe namens „Polizeiruf 110". Sie wurde eine der wenigen DDR-Produktionen, die – neben dem „Sandmännchen" – nach 1990 bundesweit erfolgreich weiterlief. Heute ist „Polizeiruf 110" abwechselnd mit dem „Tatort" auf der ARD zu sehen. Immer wieder sonntags.

Gehörte es zum Rezept des „Tatorts" von Anbeginn an, verschiedene Ermittlerteams an verschiedenen Handlungsorten (je nach Sendeanstalt) ermitteln zu lassen, war im „Polizeiruf" in den ersten sechs Fällen ein konstantes Ermittlerteam tätig, bestehend aus Oberleutnant Peter Fuchs (Peter Borgelt) und seiner Assistentin Leutnant Vera Arndt (Sigrid Göhler). Borgelt spielte bis zu seinem Tod 1994 in insgesamt 85 „Polizeiruf"-Folgen den Oberleutnant Peter Fuchs, später stets als Chefermittler, Sigrid Göhler gab bis 1983 in 47 Folgen die Vera Arndt.

Die ersten Folgen handelten – obwohl nicht in den Filmen offen genannt – im Großraum Berlin. Sie wurden in verschiedenen Milieus angesiedelt und immer unter dem Mantra, auch wenn es um Raub und Mord geht, dass der Sozialismus doch die bessere Gesellschaft mit viel weniger Kriminalität sei. Dennoch konnte die Serie in den ersten Jahren durchaus kritische Fragen aufwerfen, was sie auch in Folge 5 tut: dem Krimi „Das Haus an der Bahn", erstmals ausgestrahlt vor 50 Jahren.

Wer ermordete Lu?

Nach einer Feier willigt die attraktive Reichsbahnassistentin Lu ein, sich von einem Kollegen nach Hause bringen zu lassen. Doch der nimmt einen Umweg, der an einem nicht mehr genutzten Stellwerksgebäude an der Bahnstrecke vorbeiführt. Dort kommt es zu einer Auseinandersetzung zwischen den beiden, da Lu nicht will, was ihr Begleiter will. Wenig später erfasst ein vorbeifahrender Zug das Mädchen und dieses kommt ums Leben. Für die untersuchenden Kriminalpolizisten Peter Fuchs und Vera Arndt stellt sich die Frage: Unfall oder Verbrechen?

Rasch gerät der ehemalige Fahrdienstleiter und vom Bahnhofsvorsteher Steger (Lus Vater) zum Schrankenwärter degradierte Bernhard Schramm in Verdacht, auch weil ihm ein sehr enges, vielleicht zu enges Verhältnis zu Lu nachgesagt wird. Schramm hat mehrere Verbesserungsvorschläge erarbeitet, die Steger aber samt und sonders als Spinnereien abgetan hat. Und Schramm hatte in der Nacht an seinem Bahnübergang keinen Dienst.

Gleichzeitig stoßen die Polizisten darauf, dass regelmäßig Expressgutsendungen gestohlen werden. Als dann in Schramms Bahnwärterhaus Diebesgut gefunden wird, scheint sich die Schlange um den leidenschaftlichen Eisenbahner zuzuziehen.

Der Bahnwärter, mit Herzen bei seinem Beruf, hatte ein enges Verhältnis zur Ermordeten

Doch im weiteren Verlauf der Untersuchung stoßen die beiden Kriminalbeamten auf Ungereimtheiten in den Aussagen von Schramms Kollegen und schließlich stellt sich heraus, dass Schramm unschuldig ist. Lu musste sterben, weil sie dem wahren Dieb auf die Schliche kam … Am Ende wird Schramm rehabilitiert und auch seine Verbesserungsvorschläge für einen zügigeren Betriebsablauf finden nun Beachtung. Das Diebesgut wird sichergestellt und der Täter verhaftet.

Polizeiruf 110, Folge 5: Das Haus an der Bahn
DDR 1972
Länge: 67 Min.
sw, 35 mm,
Regie: Gerhard Respondek
Drehbuch: Fred Unger
Kamera: Otto Hanisch
Schnitt: Silvia Hebel
Darsteller (Rolle): Peter Borgelt (Oberleutnant Peter Fuchs), Sigrid Göhler (Leutnant Vera Arndt), Eberhard Mellies (Bernhard Schramm), Heidrun Polack (Marie-Luise „Lu" Steger), Walter Lendrich (Paul Umbreit) u.v.a.
Erstausstrahlung: 26. März 1972, DFF 1

Klassische Betriebsabläufe

Der Film, Ende 1971/Anfang 1972 in der Umgebung Berlins und an der Wuhlheide gedreht, bietet viele Einblicke in den klassischen Bahnbetrieb, der damals bei der Reichsbahn herrschte: Zugmeldung via Fernsprecher, Handbetrieb an der Schranke, Güterzüge mit Dampfbespannung (allerdings ohne genau identifizierbare Loks, lediglich 52.80 sind auszumachen), eine strenge Hierarchie unter den Eisenbahnern und zugleich viel Konkurrenz untereinander. Die einzige wirklich deutlich gefilmte Zuglok ist die 110 255 – die V 100 bespannt den Zug, den Schramm wegen klemmender Schranke mit Handsignallicht zum Halten bringt. Gleichzeitig hat er auch Fuchs und Arndt angehalten, die aber ohnehin zu ihm wollten. Da ein Großteil der Aufnahmen an der Bahn nachts entstand, bekommt der Schwarzweiß-Film eine besondere, mitunter expressionistische Atmosphäre. Die vorbeirollenden Züge wirken oft bedrohlicher, als sie tatsächlich sind. Und sie wurden dynamischer gefilmt, als der Betrieb der Reichsbahn damals in Wirklichkeit war.

Insgesamt zeichnet sich auch diese Folge (Erstausstrahlung 26. März 1972) der „Polizeiruf"-Reihe durch einen gewissen pädagogischen Anspruch aus: Das Funktionieren des Systems darf nicht in Frage gestellt werden und am Ende muss die sozialistische Ordnung wieder hergestellt sein – selbst wenn die Kritik seinerzeit darauf verwies, dass „das Kollektiv nicht im Sinne der Klassenzugehörigkeit verklärt" werde. Aus heutiger Sicht ist „Das Haus an der Bahn" ein Zeitdokument, das man unter verschiedenen Aspekten betrachten kann. Der Zuschauer erfährt einiges vom seinerzeitigen Reichsbahnbetrieb, gleichzeitig sagt der Film viel über die unterschiedlichen Ansprüche an Fernsehunterhaltung in West- und Ostdeutschland aus. Zumindest im Beispiel dieses „Polizeirufs" über die Ansprüche, welche die Macher bei dem Fernsehkrimi vermitteln wollten.

Als Leutnant Vera Arndt und Oberleutnant Fuchs waren die Schauspieler Sigrid Göhler und Peter Borgelt oft in „Polizeiruf 110" zu sehen. Vor „Haus an der Bahn" hatten sie schon in den ersten vier Filmen der Reihe ermittelt

Deutsches Rundfunk-Archiv/Siegfried Rieck (2)

Der Schrankenwärter Bernhard Schramm, dargestellt von Eberhard Mellies, steht im Mittelpunkt der „Polizeiruf"-Folge „Das Haus an der Bahn" (Bildmitte). Viele Szenen des Schwarzweißfilms spielen nachts, was dieser Krimifolge eine besondere, manchmal auch beklemmende Atmosphäre verleiht

Im Jahr 1957 steht Hans Schulze (rechts) auf dem Führerstand einer Neubaudampflok der Baureihe 23^{10}. Es ist eine der von ihm maßgeblich mitentwickelten DR-Dampflokbaureihen Deutsche Bahn Stiftung gGmbH

Hans Schulze

Sie nannten ihn „Blumen-Schulze"

Richard-Paul Wagner und Friedrich Witte sind als „Väter" der Einheitsdampflok und der DB-Neubaumaschinen den Eisenbahnfreunden ein Begriff. Doch Hans Schulze? Er prägte in den 1950er-Jahren die Entwicklung der Neubau- und Reko-Dampfloks bei der Deutschen Reichsbahn *Von Dirk Endisch/GM*

Die 23^{10} – hier Lok 23 1002 im Fotografieranstrich – verkörperte Hans Schulzes Vorstellungen von einer modernen Dampflok: leistungsfähiger Kessel, Schweißtechnik und optisch mit langen waagerechten Linien Slg. Dirk Endisch

Zahlreiche Fachleute aus dem Eisenbahnwesen waren am 22. Februar 1956 zusammengekommen, um in Halle (Saale) an der Schienenfahrzeugtechnischen Tagung teilzunehmen. Einer der Redner war ein Mitarbeiter des Technischen Zentralamts (TZA) der Deutschen Reichsbahn, Hans Schulze. Bei der Tagung stellte er seine „Richtlinien für die Entwicklung moderner Dampflokomotiven" vor. Fachkundig zeigte Schulze auf, welche wirtschaftlichen Rahmenbedingungen die Konstruktion einer modernen Dampflok bestimmten und welche Konsequenzen das für den Lokomotivbau habe. Es waren die Grundsätze, nach denen die Deutsche Reichsbahn (DR) gerade neue Dampflokomotiven beschaffte. Und Hans Schulze, seines Zeichens „Referent für die Bauart der Dampf- und Diesellokomotiven" beim TZA, nahm dabei eine führende Rolle ein.

Viele Tätigkeiten bei der Bahn

Hans Gustav Otto Schulze, am 8. Juli 1903 in Sangerhausen als Sohn eines Steuerinspektors geboren, hatte bei der Eisenbahn ganz verschiedene Positionen bekleidet. In Berührung gekommen war er mit dem Metier beim Maschinenbaustudium an der Technischen Hochschule Charlottenburg. Die Vorlesungen von Dr.-Ing. Felix Meineke, ab 1. Oktober 1922 Professor für Eisenbahnbetrieb und Verfasser des 1931 publizierten „Kurzen Lehrbuches des Dampflokomotivbaues", hinterließen bei Hans Schulze einen nachhaltigen Eindruck.

Nach bestandener Diplomprüfung im Jahr 1927 trat Schulze in den Dienst der Deutschen Reichsbahn-Gesellschaft (DRG), wo er zunächst einen anderen Weg als den der Lokomotivtechnik ging und die Ausbildung zum Regierungsbaumeister absolvierte. Das Examen legte er 1930 „mit Auszeichnung" ab; er erhielt dafür sogar den „Preußischen Staatspreis". Nach einer kurzen Tätigkeit als Motorenkonstrukteur bei der Maschinenfabrik Augsburg-Nürnberg AG kehrte Schulze 1931 zur DRG zurück, die ihn zunächst zum Vorsteher des Bahnbetriebswerkes Trier berief, bevor er die Technische Abteilung des Reichsbahnausbesserungswerkes Halle leitete. Es folgten Positionen im Zentralamt Berlin, bei der Reichsbahndirektion Essen und bei diversen Maschinenämtern, bei denen er nach Beginn des Zweiten Weltkriegs auch in besetzte Gebiete kam. 1934 hatte er geheiratet, aus der Ehe gingen drei Töchter und ein Sohn hervor.

Ab Januar 1942, Hans Schulze war inzwischen zum Oberreichsbahnrat befördert worden, leitete er das Dezernat für den Aufbau der maschinellen Bahnanlagen in der Haupteisenbahndirektion Süd in Kiew. 1943 versetzte man ihn zu Feldeisenbahnkommandos, anschließend war er als Gruppenleiter und Dezernent für Allgemeine Maschinentechnische Angelegenheiten in Ost- und Südosteuropa im Einsatz. Bei der Kapitulation der deutschen Wehrmacht am 8. Mai 1945 befand sich Hans Schulze in sowjetischer Kriegsgefangenschaft, aus der er im März 1947 aufgrund einer Herzerkrankung entlassen wurde.

Zurück in Sangerhausen, fand Hans Schulze zunächst keine Anstellung bei der Reichsbahn in der sowjetischen Besatzungszone. Er arbeitete in leitender technischer Funktion bei verschiedenen Betrieben, bis sich 1953 eine Perspektive bei der DR bot. Im Sommer 1951 hatte deren Generaldirektion das Technische Amt (TA) gegründet, das die Entwicklung neuer Fahrzeuge koordinieren sollte. Aus dem TA ging das TZA hervor, bei dem Hans Schulze in der von Alfred Grevesmühl geleiteten Abteilung Maschinentechnik zum 1. Mai 1953 die erwähnte Referentenstelle antrat. Dort war Schulze für die Betreuung des vorhandenen Triebfahrzeug-Bestandes und die Entwicklung neuer Lokomotiven verantwortlich. Damit wurde er de facto der „Vater" der DR-Neubau-Dampfloks.

Eigene Vorgaben für den Dampflokbau

Aufbauend auf den Lehrmeinungen von Friedrich Witte und des Italieners Manlio Diegoli definierte Hans Schulze eigene Richtlinien für die Entwicklung neuer Dampfloks bei der DR. Konsequent setzte er auf Schweißtechnik und möglichst leistungsfähige Kessel. Dabei sollte der Anteil der hochwertigen Strahlungsheizfläche erhöht werden, bei großen Kesseln durch den Einbau einer Verbrennungskammer. Weitere Konstruktionsmerkmale waren der Blechrahmen und eine Mischvorwärmeranlage. Die Maschinen mussten für die Verfeuerung von Braunkohle ausgelegt sein.

Aber auch das Aussehen – die „Schönheit im Lokomotivbau" – spielte für Hans Schulze eine große Rolle. Anders als Friedrich Witte bei der Bundesbahn brach er nicht mit der Optik der Einheitsdampfloks, sondern entwickelte sie weiter. Eine möglichst lange waagerechte und ungebrochene Linienführung war sein Ideal. Mit den unter seiner Federführung konstruierten Baureihen 23^{10} und 50^{40} erreichte der Neubau von regelspurigen Dampflokomotiven in der DDR seinen Höhepunkt und Abschluss.

Das 1957 beginnende Rekonstruktionsprogramm trug ebenfalls maßgeblich die Handschrift des Referenten, der im TZA aufgrund seiner fachlichen Expertise einen ausgezeichneten Ruf besaß. Sein Mitarbeiter Heinz Kirchhoff bezeichnete Hans Schulze später als den „guten Geist" der Abteilung und erinnerte sich vor allem an dessen „stets gewählte Ausdrucksweise". Die brachte ihm bei seinen Kollegen den Spitznamen „Blumen-Schulze" ein.

Nach der Auflösung des TZA am 31. Dezember 1959 war Hans Schulze noch bei der Hauptverwaltung Maschinenwirtschaft für das Maschinenwesen bei den Schmalspurbahnen verantwortlich, übte dieses Amt aber nicht lange aus. Er verstarb am 5. Oktober 1962 während einer Dienstreise in Putbus an einem Herzinfarkt.

Große Vorfreude am Abend des 16. Februar 1990 in Leipzig Hbf: Mit dem Nachtzug D 710 (r.) werden wir nach Bergen auf Rügen fahren. An der Spitze des Zuges laufen einige DB-Wagen, am Zugende befindet sich unser Mitropa-Schlafwagen

Abbildungen des Beitrags, wenn nicht anders genannt: Markus Lohneisen

Reisen ins DR-Gebiet

Erstmals mehrtägig

SERIE: Besuche bei der DR 1989–91

22 Monate, 63 Fahrten, 48.964 Kilometer unterwegs – von Dezember 1989 bis Oktober 1991 befuhr Markus Lohneisen aus Hof (Saale) das Kursbuch-Streckennetz der Deutschen Reichsbahn. Im Februar 1990 wagte er sich an die bislang größte Tour: übers Wochenende an die Ostsee, nach Stralsund, Lauterbach, Saßnitz, Barth

Mit einem Gmp hat uns 110 123 nach Lauterbach gebracht. Die Lok setzt noch um, dann geht es schon wieder zurück. Aufgenommen am Morgen des 17. Februar 1990

Die Fahrten zu sächsischen Schmalspurbahnen hatten mich auf den Geschmack gebracht. Und nicht nur mich. Zusammen mit meinen Freunden Rolf und Patrick schmiedete ich den Plan, möglichst bald auch die Schmalspurstrecken auf der Insel Rügen abzufahren. Und wenn wir schon dort oben waren, wollten wir versuchen, so viel wie möglich in das vorhandene Zeitfenster reinzupacken.

Dazu brauchten wir Schlafwagenplätze, das war aber noch ungewiss. Kaufen konnte man die Fahrkarten dafür am besten und wohl für uns am einfachsten in Plauen/V o Bahnhof. Die Aufgabe hatte Rolf aus Kronach. Fakt war: Sollte es kein Schlafwagenabteil geben, würden wir das Ganze verschieben. Sollte es aber klappen, wollten wir am Freitag, dem 16. Februar 1990, losfahren. Am Mittwoch kam der erlösende Anruf von Rolf, er hatte es hinbekommen! Die Ostseeküste und Rügen sollten uns sehen.

Mit Patrick fuhr ich am Freitag mit dem Auto in Hof los, Rolf kam von Kronach herüber via Lobenstein. Es schneite unaufhörlich und es wurde knapp. Mit einem Übergang von nur noch 13 Minuten trudelten wir fast zeitgleich in Plauen ein. Abfahrt des Eilzugs war um 18:53 Uhr, der brachte uns nach Leipzig mit Ankunft um 20:46 Uhr. Die Reichsbahn hatte das Vogtland trotz fortwährenden Schneefalls pünktlich verlassen. Mit uns reisten viele Menschen, die zuvor in Hof und Umgebung Westeinkäufe getätigt hatten.

Nachtfahrt nach Norden

Um halb zwölf stand D 710 Leipzig Hbf – Stralsund bereit, bis zur Abfahrt blieb noch Zeit, den Betriebsalltag auf den Bahnsteigen zu betrachten. Warum wohl in unserem Zug DB-Wagen hinter der Lok hingen? Wir jedenfalls hatten in einem MITROPA-Schlafwagen ein Abteil für uns zu dritt. Um 23:50 Uhr rollten wir aus der Messestadt ab, vom Schnee war seit Werdau schon keine Spur mehr.

Die DR meinte es gut, geheizt war bis zum Umfallen! Noch dazu hatte ich den „dritten" Stock, die Wärme war da oben noch besser. Rolf brachte irgendwo vom Schlafwagenschaffner drei Flaschen Bier daher. In Berlin-Lichtenberg gab es Rangiertätigkeiten, Kurswagen aus Erfurt kamen mit hinzu, um 3:28 Uhr jagte der Zug weiter nach Norden. Und es war eine Jagd auf den ausgeleierten Geleisen um Eberswalde und Angermünde. Der Waggon sprang wie ein Ziegenbock, wir waren am Zugschluss! Als der Wagen in den Wiegen aufschlug, was mit lautem Krachen einherging, waren wir vollends wach! Ich stieg vom obersten Bett herunter, da oben schwankte es aufgrund der Höhe ja noch mehr. Es krachte immer wieder, aber da nichts weiter geschah, gewöhnten wir uns daran. Es war halt wie auf dem Rummelplatz in einem Fahrgeschäft.

Ab Greifswald standen wir am Gang des Wagens und spähten hinaus in die fahle Landschaft. Die DDR sah hier so merklich anders aus. Dennoch lag der süßliche Braunkohlengeruch in der Luft und zog auch in den Wagen. Ab Stralsund Rügendamm hatten wir das Fenster nach unten geschoben, die Fahrt über den Damm zur Insel wollten wir direkt erleben. Und um 7:07 Uhr gab uns D 710 im Bahnhof Bergen frei. Wir schälten uns aus dem Wagen hinaus in kühlfeuchte Luft. Geruchsmäßig waren wir wieder mal intensiv vom Reinigungsmittel Wofasept die Nacht hindurch imprägniert worden. Spannend war der Übergang zum Zug nach Lauterbach – ganze vier Minuten! Es klappte einwandfrei. Um 7:11 Uhr rumpelten wir in nicht vorgeheizten Bghw-Wagen hinter einer V 100 und mit Güterwagen als Gmp 69555 nach Lau-

Die Dampfzüge auf der Insel Rügen stellen den „Schmalspur-Anteil" bei dieser Reise ins DR-Gebiet. Unter anderem sind wir im Bahnhof Putbus zu Besuch; dort, wo auch im Oktober 1991 mit 99 4632 regulärer Dampfbetrieb auf 750-Millimeter-Spur stattfindet W. A. Reed/Bildarchiv der Eisenbahnstiftung

Frischer Fahrtwind und eine Tour im Städteexpress-Wagen: D 610, gezogen von 243 836, bringt uns am Vormittag des 17. Februar 1990 nach Saßnitz

In Saßnitz Hafen lernen wir die noch kräftigere Schwester der 132 kennen. Diesellok 142 003 und eine 243-Ellok nehmen mit einem Güterzug die Steigung hinauf zum Bahnhof Saßnitz

Der Bahnhof Barth begrüßt uns als teilweise Baustelle. Die Elektrifizierung ist weitgehend abgeschlossen, aber noch fährt man hier mit Diesel (Foto vom 17. Februar 1990)

Das Bw Leipzig-Engelsdorf kommt uns wie ein kleines Eisenbahn-Paradies vor. Eine Dampflok zum Heizen, eine V 100 und eine 254 – kann ein Sonntag besser beginnen?

terbach. Zum Sitzen war es zu kalt. Und bei den zwölf Kilometern bis zum Zielbahnhof wollte die Reichsbahn wohl nicht versuchen, Wärme in den Zug zu bekommen.

Putbus, Saßnitz, Stralsund und Barth

In Lauterbach verfolgten wir, wie der Güterzug mit Personenzug zur Rückfahrt nach Bergen fertig gebildet wurde. Er hatte nun die Zugnummer 69556. Ich konnte einen Tagesstempel der Fahrkartenausgabe für meine Sammlung ergattern, dann stiegen wir ein. Nach 2,3 Kilometern und sieben Minuten Fahrt war Putbus erreicht, wir verließen den Zug. Die Schmalspurfahrt stand bevor.

Die Zeit fürs Umsteigen reichte gerade, um die Fahrkarten zu besorgen. Der Zug brachte uns nach Göhren, wo wir ab 9:22 Uhr nicht ganz eine halbe Stunde Aufenthalt hatten. Wir kauften erneut Fahrkarten und fingen kurz die Atmosphäre des Umfahrvorgangs der Dampflok ein. Ein Standbild des Zuges samt „Bahnhof mit Empfangsgebäude", und müde verkrochen wir uns wieder in den hier warm geheizten Schmalspurzug.

In Binz Ost war für uns der Besuch der 750-Millimeter-Bahn zu Ende. Um 10:25 Uhr trafen wir dort ein und traten die knapp zwei Kilometer Fußweg zum Bahnhof Binz an, von dem aus es mit einem Personenzug um 11:11 Uhr weitergehen sollte. Der Samstagmorgen entwickelte sich nach Plan – vielleicht sogar noch ein bisschen besser als das. Man sah, dass Rügen eine gute Urlaubsregion war. Auch gab es einen Bäcker, bei dem wir unseren an sich schon reichlichen Vorrat weiter aufstockten.

In Lietzow schnupperten wir das erste Mal so etwas wie vorzeitige Frühlingsluft. Das erfüllte uns mit Unternehmungslust: Schon begannen wir, Pläne für weitere Fahrten zu entwerfen. Ansonsten klebten wir mit der Nase an der Fensterscheibe und blickten hinaus in die schöne Gegend. Der D 610 brachte uns nach Saßnitz, Ankunft 11:48 Uhr. Für mich ein besonderes Ziel! Früher hatte es via Hof einen D-Zug namens „Saßnitz-Express" gegeben. Und nun war ich in der namensgebenden Stadt!

Umgehend trollten wir uns hinunter zum Bahnhof Saßnitz Hafen und staunten. Was war denn das: eine 142? Rolf wusste Bescheid. Das sei eine 4.000-PS-Variante der 132, von dieser Version gebe es nur wenige und sie seien in Stralsund beheimatet. Gern hätten wir mit dem von Schweden per Fähre übergesetzten D 317 auch gleich die Verbindungskurve von Saßnitz Hafen hinauf zum Bahnhof Saßnitz abgefahren, aber das ließ sich wegen noch vorhandener Grenz-

In Kürze

Der Fahrplan 16.-18. Februar 1990

Von	Nach	Abfahrt	Ankunft	Zugnr.
Plauen/V	Leipzig Hbf	18:53	20:46	E 768
Leipzig Hbf	Bergen	23:50	7:07	D 710
Bergen	Lauterbach	7:11	7:46	69555 (Gmp)
Lauterbach	Putbus	8:00	8:07	69556 (Gmp)
Putbus	Göhren	8:15	9:22	14105
Göhren	Binz Ost	9:48	10:25	14108
Binz	Lietzow	11:11	11:28	3159
Lietzow	Saßnitz	11:34	11:48	D 610
Saßnitz	Stralsund Rügend.	13:31	14:25	D 317
Stralsund Rügend.	Stralsund	14:44	14:49	9117
Stralsund	Velgast	15:01	15:15	E 415
Velgast	Barth	15:21	15:37	19131
Barth	Velgast	16:50	17:06	19130
Velgast	Tribsees	17:20	18:19	17197
Tribsees	Velgast	18:25	19:27	17198
Velgast	Stralsund	19:34	20:00	E 416
Stralsund	Saßnitz	20:12	21:18	9126
Saßnitz	Leipzig Hbf	21:54	5:50	D 711
Leipzig Hbf	Engelsdorf Ost	6:38	6:49	12707
Industrie-Gel. Ost	Leipzig Hbf	7:57	8:04	4740
Leipzig Hbf	Glauchau	10:56	13:58	4725/68377
Glauchau	Plauen/V	15:06	16:16	D 962

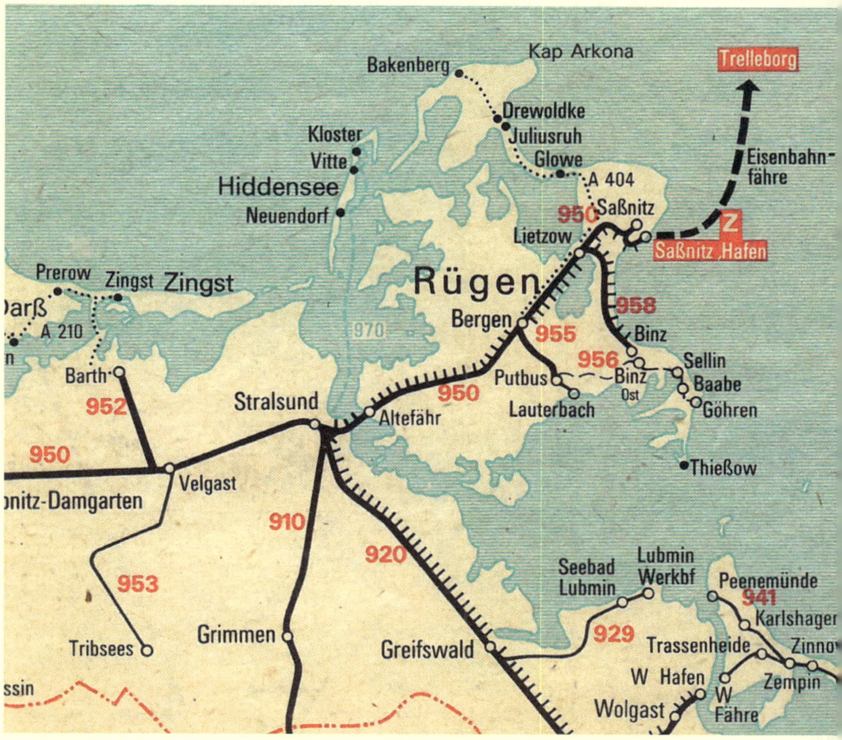

Auszug aus der Reichsbahn-Kursbuchkarte 1989/90: Das bei der Drei-Tage-Tour besuchte Streckennetz reichte von der Insel Rügen im Osten über Stralsund bis Velgast und Barth im Westen Slg. Felix Walther

kontrollen nicht machen. Also trabten wir nach dem Besuch zurück zum Bahnhof Saßnitz und enterten dort den D 317, der uns bis Stralsund Rügendamm brachte.

Mit einem Personenzug kamen wir nach Stralsund, wo wir um 14:49 Uhr eintrafen. Man hätte in dem Bahnhof bleiben und den mehr als interessanten Betrieb beobachten können. Doch unser Programm im Nordosten der DDR sah anderes vor. Die Nebenbahn Velgast – Barth stand auf dem Plan. Mit gar nicht so viel Umsteigezeit erreichten wir mit einem Eilzug Velgast und mit einem Leichtverbrennungstriebwagen, kurz LVT, als Personenzug Barth.

Bis 16:50 Uhr hatten wir nun Pause. Wir strolchten kurz im Ort umher. Und wir schauten uns im Bahnhof von Barth um. Er hatte Fahrleitung bekommen, aber sie war bisher nicht eingeschaltet. Es herrschte noch Dieselbetrieb. Neben unserem LVT stand ein Wagenzug mit Bghw-Wagen, eine 106 hielt sich für Rangierarbeiten bereit. Vieles war noch eine Baustelle, wenngleich die Arbeiten ihrem Ende entgegen gingen.

Für uns Besucher aus dem Westen neu sind die Dampffahnen der „Lagerfeuer" im Gleisvorfeld des Leipziger Hauptbahnhofs. Es handelt sich um sehr effektive Weichenheizungen

Zurück nach Leipzig

Bis zur Rückfahrt im nächtlichen D-Zug von Saßnitz nach Leipzig blieb noch Zeit. Die verbrachten wir mit einem Abstecher von Velgast nach Tribsees, bevor wir nach Saßnitz (an 21:18 Uhr) und von dort über Nacht Richtung Sachsen (ab 21:54 Uhr) reisten. Das Schlafwagenabteil hatte uns wieder, in dem wir uns nun mit mehr Routine und Ruhe einrichteten. Alles hatte wie am Schnürchen geklappt. So hatten wir uns eine DR stets vorgestellt!

Die Nachtfahrt nach Leipzig verlief unspektakulär. Es war nicht so übertrieben heiß und diesmal erwachten wir auch nicht von einem Geschaukel, der Bautzner Waggon lief ruhig. In Leipzig Hbf trafen wir morgens um 5:50 Uhr ein. Unser Vorhaben, nach Leipzig-Engelsdorf zu fahren und dort 254 anzuschauen, nahm durch die freundliche Auskunft eines örtlichen Eisenbahners Gestalt an. Bis zur Abfahrt um 6:38 Uhr konnten wir noch ein Frühstück bei der Mitropa einlegen.

In Engelsdorf zeigte uns ein Eisenbahner den Weg zum Bw und wir hatten großes Glück. Wir kamen gerade rechtzeitig, um zu erleben, wie das Eisenschwein 254 052 ausrückte! Der Lokführer erkannte uns als Fans, hielt kurz für ein Portrait der Lok an, und entschwand. Das Ganze wurde durch die vor sich hin qualmende Heizlok bereichert. Wir sprachen kurz beim Lokleiter vor, der ob des Westbesuches recht überrascht war. So gab es an der Drehscheibe nochmals zwei 254 (man nannte sie hier „Omas") und außerdem eine 244!

Wieder am Leipziger Hauptbahnhof blieb anders als beim eiligen Umsteigen am Freitag nun mehr Zeit. Wir trieben uns auf den Bahnsteigen umher, und trotz Sonntag war es für uns ein abwechslungsreicher und reichhaltiger Aufenthalt in kurzer Zeit. Uns beeindruckten dabei nicht nur die ein- und ausfahrenden Züge, sondern auch die „Lagerfeuer" überall im Vorfeld des Bahnhofes. So nannten wir scherzhaft die zischelnden Dampffahnen der Weichenheizungen. Den Dampf dafür spendete sicher irgendwo in der Nähe eine Dampflok.

Über Beucha und Großbothen, ab hier auf der Nebenbahn nach Glauchau setzten wir unsere erste Mehrtagestour fort. Nach etwas mehr als einer Stunde Aufenthalt nahmen wir um 15:06 Uhr den D 962 Dresden – Plauen/V und waren um 16:16 Uhr in der Vogtlandmetropole zurück. Noch eine Bockwurst im Bahnhof, während wir neue Pläne aufstellten. Wir wollten unbedingt mehr von der Reichsbahn sehen! Nur Mutter schimpfte zu Hause wieder, als ich „gut riechend" nach DR bzw. dem Reinigungsmittel Kresol zurück war.

Die „Bulldog Nose" etwa der F-Güterzugloks ist das wohl berühmteste Design von GM-EMD. Oben zwei F3A und eine F3B (ohne Führerstand) der Grand Trunk Western, einer Tochter der Canadian National, im Güterverkehr; unten FPA7 von GGO Transit mit Vorortzügen 1986 in Toronto; die Loks dienen hier nur noch als Steuerwagen und Energieversorger Richard J. Solomon (o.), Martin Weltner

100 Jahre EMD

Diesel, Diesel, Diesel!

Kaum ein Hersteller steht so für den amerikanischen Traum eines kometenhaften Aufstiegs wie EMD. Gegründet vor 100 Jahren, war dies zeitweilig der größte Diesellokproduzent der Welt. Heute geht es kleiner zu *Von Martin Weltner/GM*

Es war längst keine sorglose Zeit mehr für die Eisenbahn, damals, vor 100 Jahren in den Vereinigten Staaten von Amerika. Die Massenmotorisierung mit privaten Automobilen schuf bereits Mobilität abseits der Schiene – gerade für die von den Eisenbahngesellschaften nicht gerade verwöhnte Bevölkerung auf dem Lande. Die Entscheider in der Bahnbranche mussten reagieren, wollten sie nicht mehr Marktanteile verlieren. Und hier – anno 1922 – liegen auch die Anfänge eines Fahrzeugherstellers, der wie kaum ein anderer bei den Eisenbahnen der USA Geschichte schreiben sollte.

Von Hamiltons Idee zur GM-Tochter

Eine Option für den Schienenverkehr im ländlichen Raum waren leichte Triebwagen mit Benzinmotoren und entsprechend niedrigen Betriebskosten. Einer der Triebwagen-Pioniere war Harold L. Hamilton, der zusammen mit Paul R. Turner 1922 in Cleveland/Ohio die „Electro-Motive Engineering Company" gründete; ein Jahr später wurde sie in „Electro-Motive Company" (EMC) umbenannt. Hamiltons Geschäftsidee bestach durch Effizienz: Er verwendete Motoren der Firma Winton, elektrische Komponenten von General Electric und ließ seine Fahrzeuge bei Waggonbauern unter Aufsicht komplettieren. Auf eigene Produktionsstätten konnte das Unternehmen somit verzichten. Die ersten dieser Fahrzeuge wurden 1924 ausgeliefert – und sie ernteten großes Interesse. In den Folgejahren wuchs die Firma ständig.

Mitte 1930 schaltete sich ein Schwergewicht der amerikanischen Industrie ein. Der Autogigant General Motors (GM) mit

GM-Werbung mit „Bulldog Nose“ und dem Fernreisezug „Empire Builder“ der Great Northern Slg. MHZ

Im Design der „Zephyr“-Triebwagen der Union Pacific baute EMD in den 1930ern vier Personenzug-dieselloks für die Chigaco, Burlington & Quincy; hier in einer Anzeige 1949 Slg. Oliver Strüber

Für den Export nach Europa entwickelte GM-EMD 1953 die vierachsige G 12, eine dieselelektrische Lok mit (im Vergleich zu den US-Loks) kleinerem Lichtraumprofil und niedrigerem Achsdruck. Die Vorführlok 7707 wird 1954 von der Bundesbahn erprobt, im Bild als Vorspann vor einer 78 bei Frankfurt (Main)-Sportfeld. Zu einer Bestellung kam es aber nicht Reinhold Palm/Bildarchiv der Eisenbahnstiftung

Sitz in Detroit übernahm den Motorenlieferanten Winton und zum Ende des Jahres auch EMC. Dabei ging es dem neuen Eigentümer nicht darum, eine Konkurrenz stillzulegen. Im Gegenteil: EMC wurde zu einem zusätzlichen Standbein von GM, blieb Lieferant für Schienenfahrzeuge und durfte weitgehend autonom handeln.

Bald stellte die GM-Tochter neue Entwicklungen vor. Inspiriert durch die Erfolge des Dieselmotors in Triebzügen der Deutschen Reichsbahn (wie beim „Fliegenden Hamburger“), entstand im Jahre 1933 der 600 PS starke Triebzug M-10000 für die Union Pacific, gefolgt von Stromlinienzügen der „Zephyr“-Reihe für die Burlington-Bahn. Als Antrieb diente ein ursprünglich für U-Boote vorgesehener Winton-Dieselmotor. EMC stieg aber nun selbst in die Fabrikation ein. Vorbei waren die Zeiten der Auftragsvergabe, stattdessen entstand 1936 in einem Vorort von Chicago/Illinois das erste eigene Werk, das als „La Grange“ weltberühmt werden sollte.

Erfolg mit der E-Reihe

1938 lief in La Grange die Produktion des EMC-Zweitakt-Dieselmotors Typ 567 an, der mit sechs, acht, zwölf oder 16 Zylindern produziert werden konnte. Da dort auch Elektromotoren und Generatoren gefertigt wurden, hatte der Hersteller alle Komponenten des dieselelektrischen Antriebs an einem Ort konzentriert. Der Typ 567 avancierte zum epochalen Aggregat: Er blieb 28 Jahre in Produktion und fand in mehr als 25.000 Lokomotiven Verwendung!

EMD-Flops

Die andere Seite der Unternehmensgeschichte

Nicht allen EMD-Konstruktionen war Erfolg beschieden. So misslang der Einstieg ins Geschäft mit Nebenbahnloks gründlich. Die 1949 lancierte BL-Reihe (BL für Branch Line) war fast unverkäuflich, nur gut 50 Stück entstanden. Aus der Styling-Abteilung von GM stammt der futuristische „Aerotrain“, für den EMD Anfang der 1950er-Jahre zwei LWT12-Diesellloks (Light Weight Train) mit der Achsfolge B 1 baute, eine Mischung aus Lok und Triebkopf. Das Konzept des „Aerotrain“ floppte, die Züge – als Hoffnungsträger für zukünftiges Reisen gestartet – beendeten ihre Karriere im Vorortverkehr der Rock Island. Eine dritte LWT12 wurde für einen Talgo-Zug gefertigt, auch dieser war ein Misserfolg.

Zumindest in den ersten Jahrzehnten konnte EMD solche Fehlschläge noch durch den guten Absatz bei anderen Loktypen wettmachen.

Aerotrain 1 bei Testfahrten in Kalifornien, aufgenommen 1956 in Sacramento. Zwei Garnituren des futuristischen Dieseltriebzugs wurden von EMD gefertigt. Schwächen beim Komfort und bei der Konstruktion – unter anderem die dürftige Motorisierung – sorgten allerdings dafür, dass die Züge lediglich zehn Jahre im Einsatz standen Robert F. Watkins/Slg. Benno Wiesmüller/Eisenbahnstiftung

In La Grange, einem Vorort von Chicago/Illinois, entstand 1936 das Hauptwerk von EMC bzw. GM-EMD. Ein enormer Fortschritt, wenn man bedenkt, dass der Hersteller Jahre zuvor noch ein verhältnismäßig kleiner Auftraggeber war. Bis 1991 wurden in La Grange Lokomotiven gefertigt Slg. Oliver Strüber

Überhaupt wurde die Diesellokproduktion für EMC zur Erfolgsgeschichte. Eigentlich waren die Triebköpfe der Schnelltriebwagen nichts anderes als Lokomotiven, weshalb es nahe lag, auch Dieselloks in das Sortiment aufzunehmen. So erschien 1937 die Baureihe EA für die Baltimore & Ohio, zunächst noch mit Winton-Dieselmotoren ausgestattet. Die daraus folgende E-Reihe – Schnellzugloks mit dreiachsigen Drehgestellen, wobei die mittlere Achse als Laufachse diente – wurde zu einem Marktrenner. Mit zwei Motorenanlagen, anfangs mit 1.800 PS, zuletzt mit 2.400 PS pro Lok, empfahl sich die E-Reihe als Zuglok für die in Mode kommenden Streamliner-Züge, die den Reisezugverkehr revolutionieren (und zunehmend ohne Dampftraktion fahren) sollten. Von 1937 bis 1963 wurden 1.314 Exemplare der Bauserien E1 bis E9 gebaut, wobei die E1 bis E6 stromlinienförmige Stirnfronten aufwiesen und die E7 bis E9 die klassische „Bulldog Nose" erhielten – die Schnauzenform, die man bis heute mit amerikanischen Dieselloks verbindet. Dieses Merkmal fehlte übrigens bei 210 E-Einheiten; diese führerstandslosen „B-Units" konnten nur in Kombination mit einer „A-Unit" (einer Lok mit Führerstand) fahren.

Derweil hatte selbst namhafte Konkurrenz das Nachsehen. Die Verkäufe von ALCo, Baldwin oder Fairbanks-Morse blieben übersichtlich. Die E-Reihe war das Gesicht des modernen Reisezugverkehrs in den USA; letzte Exemplare schafften es sogar bis in die 1971 einsetzende Amtrak-Ära.

Erfolg mit der F-Reihe

Zum Boom bei EMC trug noch eine zweite Dieselloktype bei, welche die Idee von A- und B-Unit mit durchschlagendem Erfolg auf den Güterzugdienst übertrug. Für diesen Bereich besaßen die amerikanischen Eisenbahngesellschaften bis dato einen unglaublich vielfältigen Dampflokbestand. Dieser reichte von zwei- oder dreifach gekuppelten Nebenbahn-Veteranen bis zu gewaltigen Gelenkloks, die Leistungen gingen von ca. 800 bis zu fast 5.000 PS. Für diese Bandbreite bot EMC nun eine Diesellok im modularen System an. Die Basis war ein vierachsiges Triebfahrzeug mit zwei Drehgestellen, einem Motor, Vielfachsteuerung und den erwähnten Karosserievarianten A- und B-Unit. Von den Loks konnte man jeweils so viele zusammenzukuppeln, wie der zu befördernde Zug

Mit A- und B-Units konnte man so viele Loks zusammenkuppeln wie für den zu befördernden Zug nötig

benötigte. Für leichte Züge auf Nebenbahnen reichte eine A-Unit, schwere Kohlenzüge im Gebirge bekamen eine A-Unit mit zwei oder mehr „dazu geschalteten" B-Units. Im Vergleich zur Dampflok hatte die Diesellok außerdem den Vorteil, ständig einsatzbereit zu sein und ohne Kohle- und Wasserversorgung entlang der Strecke auszukommen. Da Dieselkraftstoff (wie Kohle) nahezu überall verfügbar war, warf auch das Betanken im Betriebsdienst keine Probleme auf.

1939 stellte EMC die vierteilige Güterzug-Diesellok FT mit 5.400 PS Gesamtleistung vor. Das Triebfahrzeug ging auf eine Werbetour durch fast die gesamte USA, interessierte Bahnen konnten es auf Herz und Nieren testen. Das Ergebnis war sensationell: Fast alle Bahnen bestellten die FT (bzw. die später daraus abgeleiteten Typen wie F2, F3, F7, F9) in mehr oder weniger großen Stückzahlen, EMC kam mit der Produktion kaum nach. Ob in Sachen Zugkraft (alle Räder waren angetrieben), Geschwindigkeit (verschiedene Getriebevarianten waren lieferbar) oder Wirtschaftlichkeit (weniger Vorspannfahrten, hohe Verfügbarkeit, auf Wunsch dynamische Bremse), die neuen Dieselloks bewährten sich im Betriebsdienst schnell. Vor Reisezügen fanden die F-Loks ebenfalls Verwendung, denn in der B-Unit konnte bei Bedarf ein Heizkessel integriert werden. Schließlich gab es noch eine verlängerte Version namens FP (Freight Passenger) mit Heizkessel in der A-Unit.

Bis Ende 1940 waren bereits 600 Loks verkauft, täglich wurde eine neue produziert – ab Anfang 1941 übrigens unter dem Namen Electro-Motive Division (EMD), denn EMC und Winton waren jetzt voll in den GM-Konzern integriert. Nicht nur die gute Qualität der Produkte aus La Grange setzte Maßstäbe, sondern auch die Kundenorientiertheit: Ersatzteile waren preisgünstig und schnell lieferbar, und gab es größere Probleme, so machten sich Servicetechniker auf den Weg, um vor Ort zu helfen.

All das trug zu dem schnellen Aufstieg bei, der EMC/EMD letztlich zum größten Diesellokproduzenten der USA werden ließ. Zeitweilig war das Unternehmen aus Illinois bei Dieselloks sogar die Nummer 1 weltweit und beherrschte den amerikanischen Lokmarkt fast komplett. Diese Vorrangstellung wurde auch durch den Zweiten Weltkrieg nicht beeinträchtigt. Zwar musste EMD nach dem Eintritt der USA ins Kriegsgeschehen die Lokproduktion reduzieren – Priorität hatte jetzt der Bau von Motoren für U-Boote und Landungsschiffe. Doch besaß EMD nach Kriegsende einen technologischen Vorsprung beim Diesellokbau, da sich die Mitbewerber vor allem auf Rangier-Dieselloks konzentriert hatten und weiterhin versuchten, ihre perfektionierten Dampfloks zu verkaufen. EMD bot den potenziellen Kunden hingegen verbesserte E- und F-Dieselloks an und stieg überdies ins Exportgeschäft ein. Das Unternehmen lieferte komplette Lokomotiven ins Ausland, stellte Teilesätze zur Verfügung, die im Ausland montiert wurden und vergab Lizenzen, so an die schwedische Firma NoHAB, die europäischen Kunden Lokomotiven mit EMD-Technik lieferte. 1947 war die Zahl der Beschäftigten bei EMD auf 12.000 gestiegen, fünf Loks konnten täglich gefertigt werden, und zur Entlastung des Werkes in La Grange entstanden Fertigungsstätten in Cleveland sowie im kanadischen London, was steuerliche Vorteile beim Verkauf von Loks an kanadische Bahnen versprach.

Gut 20.000 PS sind vor dem Zug versammelt, den Lok 5996 der Canadian Pacific anführt. Die Lok gehört zur Reihe GP 40-2, der mit fast 4.000 gebauten Exemplaren erfolgreichsten Baureihe der EMD-Geschichte (Foto von 1986) Martin Weltner

Weihnachtsgrüße von EMD und „Bulldog Nose“, 1949

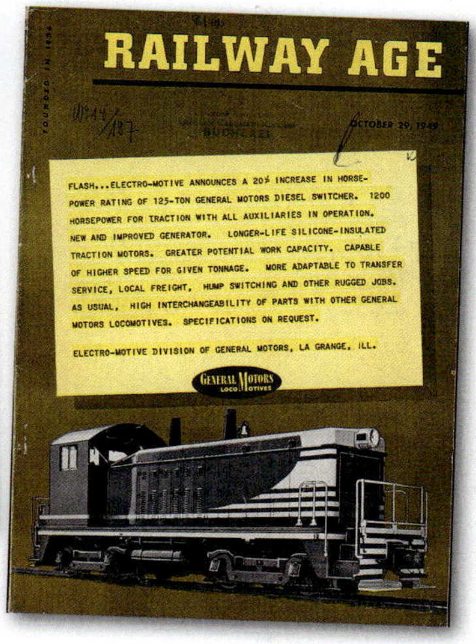

Auch bei Rangierdieselloks feierte EMD Erfolge; Ankündigung einer 1.200-PS-Version in einer Werbeanzeige, 1949

Slg. Oliver Strüber (2)

Endgültig Diesel statt Dampf

Einen weiteren Meilenstein in der Produktpalette von EMD stellte 1949 die GP7 dar, eine Mehrzwecklok (GP steht für General Purpose – allgemeiner Zweck). Die vierachsige Lok wies einen stabilen Hauptrahmen auf, das Führerhaus war außermittig angebracht, der 1.500 PS-Motor, der Generator und weitere Bauteile lagen unter zwei relativ schmalen, abnehmbaren Hauben, die es ermöglichten, auf beiden Lokseiten Laufbleche anzubringen. Das erleichterte die Wartung der Lok deutlich. Auch das Fahrpersonal begrüßte die Maschinen, mit denen das Rangieren Dank der Laufbleche und besseren Sichtverhältnisse viel einfacher war als bei den F-Loks. Bis 1954 wurden 2.734 GP7 gebaut. In den Folgejahren erschienen immer weiter verbesserte und verstärkte GP sowie sechsachsige SD, was für „Special Duty“ steht und sowohl besonders schwere Loks mit sechs Treibachsen einschließt als auch Loks für leichteren Oberbau mit weniger Leistung und einer Laufachse im dreiachsigen Drehgestell, um die Achslast zu senken.

1951 betrug der Marktanteil von EMD in den USA über 75 %. Zehn Jahre später war das Ziel, die Dampftraktion im Land durch Dieselloks zu ersetzen, praktisch erreicht – wesentlich vorangetrieben durch Erzeugnisse der GM-Tochter. 1962 verkaufte EMD die 25.000. Diesellok. Die großen Mitbewerber Baldwin, Lima-Hamilton und Fairbanks-Morse stiegen aus dem Markt aus, auch bei ALCo ließ sich das Ende als Lokproduzent absehen. Allerdings war das nur die eine, die erfolgsverwöhnte Seite der Medaille. Die andere zeigte neue – sehr starke – Konkurrenz in Form von General Electric (GE). Dieser Hersteller hatte sich jahrzehntelang auf den Export konzentriert und im Inland mit ALCo kooperiert; 1959 überraschte er die Fachwelt mit einem eigenen Programm dieselelektrischer Lokomotiven für die US-Bahnen. GE hatte den Hut in den Ring geworfen, die Rivalität zu GM-EMD war eröffnet.

Neue Situation seit den 1960ern

Zusätzlich verkomplizierte sich die Absatzlage. In den frühen 1960ern ging es nicht mehr darum, Dampf- durch Dieselloks zu ersetzen. Vielmehr mussten Hersteller wie EMD die Kunden davon überzeugen, ältere Dieselloks durch neue abzulösen. Argumente brachte das Management aus Illinois reichlich: höhere Wirtschaftlichkeit neuer Loks, mehr Leistung, mit der eine neue Lok mehrere „Oldtimer“ entbehrlich machte, oder neue Kaufoptionen, bei denen der Hersteller ausgemusterte Triebfahrzeuge (selbst Konkurrenzfabrikate) in Zahlung nahm. Auf Kundenwunsch wurden sogar Teile der alten Loks weiterverwendet; so gab es EMD-Dieselloks, die auf ALCo-Drehgestellen liefen. Zugleich versuchte EMD, mit neuen Techniken zu punkten: mit Drehstromgeneratoren, Asynchronmotoren, Thyristorsteuerungen oder elektronischen Kontrollsystemen.

1972 gelang dem Unternehmen noch einmal ein Verkaufserfolg: Von der SD40-2, einer sechsachsigen Lok mit gut 3.000 PS Leistung, setzte es 3.945 Exemplare ab. Aber nach dem schnellen Aufstieg der frühen Jahre bröckelte der Spitzenplatz für EMD inzwischen. 1984 feierte man die Ablieferung der 50.000. Lok, während der Konkurrent weiter mächtig auf- und schließlich überholte. Ab 1987 hieß der Marktführer auf dem amerikanischen Lokmarkt General Electric.

Was folgte, waren schwierige Jahre des Wandels. 1991 wurde die komplette EMD-Lokfertigung nach London/Kanada verlegt, in La Grange blieb nur noch die Motoren- und Komponentenproduktion. Technologisch hatte EMD derweil immer größere Probleme, mit den GE-Produkten mitzuhalten. Im Jahre 2004 entschloss sich GM, aus dem Rennen auszusteigen. Die Sparte EMD wurde an ein Konsortium verkauft, das neu gegründete Unternehmen bekam den Namen Electro-Motive Diesel. 2010 erwarb die Caterpillar-Tochter Progress Rail den Hersteller EMD, 2011 wurde in Muncie/Indiana eine neue Lokfabrik eröffnet und 2012 der Lokbau in London eingestellt.

Im 100. Jahr des Bestehens scheint der Abwärtstrend aufgehalten. EMD hat nicht mehr die unbegrenzten Perspektiven wie in seiner Blütezeit, doch ist das Unternehmen nach wie vor am Markt präsent. Die Produktion läuft in viel kleinerem Rahmen als früher, dennoch blickt man auf 70.000 Loks zurück und konnte auch in jüngerer Zeit einige Modelle „an die Bahnen bringen“. Unter anderem in Europa, wo Class 66 und Class 77 den Hersteller repräsentieren.

Schiene-Straße-Wagen Owp 175

Vergessenes Zweiwegefahrzeug

Von Andreas Knipping

Aufnahme: Slg. Andreas Knipping

Der Traum von einem auf Straßen wie auf Schienen einsetzbaren Fahrzeug ist älter als die Eisenbahn selbst in ihrer uns bekannten Form. Schon Joseph von Baaders 1822 (!) erschienenes Buch „Neues System der fortschaffenden Mechanik" enthielt entsprechende Skizzen. Seine hölzernen Lastkarren sollten mit kleinen Stahlrädern auf Schienen laufen, hätten aber auch etwas höher angebrachte große hölzerne Räder der von zeitgenössischen Fuhrwerken gewohnten Form besessen. Abseits der Schienenstrecke würde sich das Fahrzeug mit diesen Rädern auf die Landstraße stützen. Ein erstaunlich innovatives Konzept für eine nach damaliger Vorstellung mit Pferden zu betreibende Schienenbahn! Über einige Vorführungen 1826 im Schlosspark Nymphenburg im Beisein immerhin von König Ludwig I. und einigen bedeutenden Persönlichkeiten aus dem Hause Wittelsbach und der bayerischen Regierung kam dieses Konzept jedoch nicht hinaus. Mit einem Sprung über mehr als ein Jahrhundert erinnern wir uns an das Culemeyer-Fahrzeug der 1930er-Jahre zur Überstellung von Güterwagen an Kundschaft ohne Gleisanschluss. Die rührige Werbung von Johann Culemeyer mit prominenten Fürsprechern bei Reichsbahn und Naziregime und der hohe Aufmerksamkeitswert der Überstellfahrten hinter einer schweren Zugmaschine täuschten über die ökonomische Zweifelhaftigkeit hinweg. Einen Eisenbahnwagen mit seinem gesamten Laufwerk, mit Puffern, Kupplungen und Bremstechnik über Kopfsteinpflaster in einen Werkshof zu bugsieren, konnte in der Breite der Verkehrswirtschaft kein tragfähiges Konzept werden.

Neue Ideen nach 1945

Nach dem Zweiten Weltkrieg traten neue Erfinder auf den Plan und kämpften die Hersteller um neue Marktanteile. Recht populär wurde der abschnittsweise auf Gummireifen bzw. Stahlrädern fahrende Schiene-Straße-Bus. Für den Güterverkehr stellte die Waggonfabrik Uerdingen 1955 einen Wagen nie gesehener Bauart vor. Seine Achslager waren zwischen den nach außen hin frei liegenden Stahlrädern angebracht, sodass man die mitgeführten gummibereiften Räder nach Lkw-Norm mittels Schrauben an diese Räder anbringen konnte. Aber es war eben doch immer noch ein echtes Schienenfahrzeug mit seiner gesamten schweren Lauf-, Zug- und Stoßtechnik, das nun auf der Straße rollen sollte. Das bahndienstliche Gattungszeichen des Neulings lautete Owp mit „O" für einen offenen Wagen und „w" für ein Ladegewicht von weniger als 15 Tonnen (er schaffte nur neun Tonnen) sowie „p" für mangelnde Kippfähigkeit. Wie der Schiene-Straße-Bus scheiterte auch das Zweiwegefahrzeug Uerdingen nicht zuletzt an den systembedingten Zumutungen an das Personal. Zu jeder Tageszeit und bei jedem Wetter zwecks Übergang zwischen Schiene und Straße pro Rad zehn und insgesamt 40 (!) schwere Schrauben anbringen oder entfernen zu müssen, konnte nur Unwillen erzeugen.

Das Fahrzeug blieb ein Einzelstück mit geringer Lebensdauer. Der gewünschte Weg zur Flexibilität zwischen Straße und Schiene führte über die mit Kran oder Rollrampe beweglichen Großbehälter zu den Lkw-Aufliegern auf Eisenbahnwagen und schließlich zu den weltweit genormten Containern, die längst auch Basis des Seeverkehrs sind.

DB-Werbetafeln

Blickfang im Abteil

Zunächst stattete die Bundesbahn die Fläche über den Sitzen und unter den Gepäckablagen in ihren Reisezugwagen nur mit Spiegeln aus. Später nutzte sie dies auch für Werbetafeln. Die kamen von der DB oder von Dritten, mal mit mehr, mal mit weniger bekannten Motiven

Ein eisenbahnaffines Beispiel für „Fremdwerbung“. Ab den späten 1970ern verlagerte sich die DB auf Eigenwerbung Slg. Oliver Strüber

Immer wieder stellte die Deutsche Bundesbahn die Zuverlässigkeit ihres Angebots heraus. Die Nachtaufnahme-Tafel stammt von 1984 Slg. Oliver Strüber

Ende der 1980er wurden die Tafeln moderner: Neue Farben, Lifestyle, Erlebnischarakter mischten nun mit. In dem Fall wieder beim Intercity Slg. Fritz Traser

Näher am Kunden geht es kaum: Die Tafel von 1977 macht Reisenden die Minigruppenkarte der DB schmackhaft. Die klassische Holzeinrahmung war typisch für die im Abteil angebrachten Reklameschilder Slg. Fritz Traser

Die Tafel von 1980 zeigt: Die Werbung richtete sich beileibe nicht nur an Ausflügler. Für Geschäftsreisende hielt die DB ebenso manchen Rat bereit Slg. Heiko Focken

Von 1979 bis 1991 war der doppelklassige Intercity der Paradezug der Bundesbahn. Da lag es nahe, ihn werblich herauszustellen – hier auf einer Tafel von 1983 Slg. Heiko Focken

Die Tafel von 1984 bewirbt die zentrale Lage der Bahnhöfe. Wobei Frankfurt (Main) Hbf das Positivbeispiel ist; in Braunschweig, Darmstadt, Flensburg oder Karlsruhe hat man einen weiteren Weg zur Stadtmitte ... Slg. Oliver Strüber

Die Fortsetzung von „Alle reden vom Wetter – wir nicht“, präsentiert auf einer Tafel von 1983. Mit dem Ende der Abteilwagen kam vielfach auch das Ende der Reklameschilder. Dieses hier wurde von der Restehalde im Ausbesserungswerk Neumünster gerettet; die Gebrauchsspuren möge man verzeihen Slg. Heiko Focken

Oft ging unsere Traditionslok mit anderen Lokomotiven auf Tour. Großes Interesse war dabei jedes Mal garantiert, wie bei der Sonderfahrt mit 52 6666 und 38 1182 im Mai 1986 nach Templin, hier beim Fotohalt in Bergsdorf Slg. Michael Reimer

Traditionslok 52 6666

Viermal die Sechs

51 Betriebsjahre hat 52 6666-3 bisher erreicht, davon zehn als Museumslok unter Dampf. In ihrem letzten Einsatzjahrzehnt wurde sie der Stolz unseres Berliner Pflegekollektivs und weit über die Stadt hinaus bekannt. Nicht immer fiel der Betrieb der Traditionslok leicht *Von Michael Reimer/GM*

Viele der später so genannten Traditionslokomotiven der Deutschen Reichsbahn waren im Süden der DDR beheimatet. Dort gab es auch über Jahre die großen Fahrzeugausstellungen. Doch Eisenbahnfreunde fanden sich ebenso in den nördlichen Bezirken. Ihren Aktivitäten ist es zu verdanken, dass seit 1983 die 52 6666-3 des Bw Berlin-Schöneweide mit zum Park der betriebsfähigen Museumslokomotiven zählte. Sie war eine Traditionslok der DR. Sprich, sie wurde von der Reichsbahn unterhalten und eingesetzt – museal wie im Regelbetrieb.

Der Lebenslauf der 52 6666

Die Lok mit der leicht zu merkenden Nummer entstammte dem Baulos der 52 6665 bis 52 6676 und entstand 1943 bei den Škoda-Werken in Pilsen. Die Kriegslok aus dem vierten Kriegsjahr wurde von der Reichsbahndirektion Dresden direkt übernommen und dem Bahnbetriebswerk Nossen zugeordnet, wo man mit den 52ern Lokomotiven der Baureihe 50 freisetzte. Offenbar als Lokhilfe gelangte die 52 6666 nach Chemnitz-Hilbersdorf. Das war aus der Sekundär-Literatur oder dem Betriebsbuch heraus unbekannt. Am 16. April 1945 erlitt die Maschine einen Fliegerdurchschuss, stand fast einen Monat zur Reparatur und erlebte auf diese Weise das Kriegsende.

Die Transportverwaltung der Deutschen Reichsbahn in der sowjetisch besetzten Zone konzentrierte ab 1947 Baureihen gemäß der Gattungsbereinigung in ein bis zwei Direktionen. Die RBD Berlin wurde so zu einem Standort für die 52, auch für 52 „viermal die sechs". Wie ihre Schwesterloks fuhr sie Güterzüge in und um Berlin. Vom Bw Jüterbog aus führte der Weg zudem bis nach Elsterwerda. In Berlin waren es zumeist Touren zwischen den einzelnen Rangierbahnhöfen, zum Beispiel nach Seddin, Pankow, Wuhlheide oder Wustermark. Große Aufgaben kamen auf die Lok in ihren letzten „echten" Betriebsjahren nicht mehr zu.

Der schwierige Weg zur Traditionslok

Zu der Frage, warum genau diese Lokomotive der Baureihe 52 erhalten wurde, gibt es verschiedene Geschichten. Jeder eingefleischte 52er-Fan kann sofort andere Exemplare aufzählen, die es eher verdient hätten, aufbewahrt zu werden. Ohnehin tat man sich bei der DR mit der Geschichte einer Kriegsdampflokomotive schwer. Wenn schon eine 52 als Museumsstück vorgesehen war, dann musste sie zumindest eine politisch unbedenkliche Herkunft aufweisen – also aus einem „sozialistischen" oder „befreundeten" Werk kommen. Damit schieden schon mal all jene Maschinen aus, die bei einem Unternehmen gebaut worden waren, das außerhalb des Ostblocks lag, wie Henschel & Sohn in Kassel. Auch die Fertigung bei einem „faschistischen Kriegsgeräteherstelle“ wie der Deutschen Waffen- und Munitionsfabrik (DWM) in Posen kam nicht infrage. Eher entsprach diesen Auswahlkriterien die Wiege der 52 6666 – Škoda in Plzeň, dem einstigen Pilsen. Das Werk in der Tschechoslowakei hatte sich zwar zu Kriegszeiten in einem okkupierten Land befunden, andererseits war die ČSSR jetzt einer der befreundeten Staaten.

Auch sonst gab die Frage nach der Museumslok Anlass zu Diskussionen. Für die museale Nutzung sprach die Schnapszahl 52 6666 – wer wollte nicht mit einer solchen Lokomotive unterwegs sein? Dagegen sprach wiederum, dass die Lok in ihrem Heimat-Bw Schöneweide nicht gerade beliebt war. Sie zählte zu den „wilden“ Maschinen, gehörte zu keinem Stammpersonal einer Brigade. Und es hieß, sie sei ein schlechter Dampfmacher.

Zumindest dieses letzte Argument versetzte uns, die wir später mit der Traditionslok regelmäßig unterwegs waren, in Staunen. Falls der Vorwurf wirklich stimmte – wie vorzüglich müssen da erst die anderen 52er der Originalversion Dampf gekocht haben!? Denn die 6666 war gut! Und da sie selten im

Im Bw Schöneweide hieß es, die 6666 mache schlecht Dampf. Das erlebten wir aber anders

Einsatz gestanden hatte, war auch ihr technischer Zustand bezogen auf das Fahr- und Triebwerk gut.

Allen Zweifeln und Zweiflern zum Trotz: Letztlich machte die DR Lok 52 6666-3 zur Traditionslok, die für Sonderzüge zur Verfügung stand. 1981 kam die Maschine mit einer Hauptuntersuchung aus dem Reichsbahnausbesserungswerk (Raw) „Helmut Scholz“ Meiningen nach der Schadgruppe L7 nach Berlin zurück. Ihre erste Sonderzugfahrt führte die Lok am 18. September 1982 zusammen mit 74 1230 östlich von Berlin über Müncheberg – Werbig nach Wriezen und zurück nach Berlin-Lichtenberg.

Diese Strecke war seit Jahren bekannt und wurde gern vom DMV, dem Deutschen Modelleisenbahn-Verband der DDR, zusammen mit der DR ausgewählt. Oft bewies der DMV dabei ein gutes Händchen, Lokomotiven vor ihrem Ende oder Verkauf noch einmal einem breiten Publikum zu zeigen. Bei 52 6666 und 74 1230 verhielt es sich anders; diesmal zeigte man zwei Loks, die nun wieder unter Dampf standen.

Zurück im Bw Schöneweide, verkam 52 6666 recht schnell. Keiner kümmerte sich um sie. Noch galt es für das Bw, vor allem Heizlokomotiven für die Weichenheizungen in Berlin-Pankow, Wuhlheide oder auch Schöneweide vorzuhalten. Oft stand 52 6666 an der „Schwarzen Brücke“ im Rangier-

Am 30. Mai 1977 passiert 52 6666-3 mit einem Güterzug den Bahnhof Blankenburg; die Lok hat den „alten“ Kessel und kantige Windleitbleche. Im Regelbetrieb fuhr die 52 nicht oft. Ein Glücksfall für uns, denn so war das Fahrwerk bei der Übernahme als Traditionslok in gutem Zustand Helmut Starck

Welche Beschriftung darf's denn sein? Die unterschiedliche Beschilderung war ein Vorteil, mit dem wir und „unsere“ 52 6666 bei Sonderfahrten auftrumpften. Von links Hauptlokführer Erhard Geier, der Leiter der Einsatzstelle Templin und ich in Templin, Mai 1985 Slg. Michael Reimer

Nach dem Kesseltausch 1978 mit hängenden Windleitblechen steht 52 6666 im Jahr 1985 im Bahnhof Berlin-Rummelsburg. Eingesetzt wird sie in diesem Fall mit einem Betonmischzug für die Gründung von Oberleitungsmasten Slg. Michael Reimer

bahnhof Berlin-Pankow, unweit des Bw Pankow am S-Bahn-Haltepunkt Pankow-Heinersdorf. Bei den geringen Laufleistungen änderte sich nach 1982 nicht allzu viel. Als künftige Museumslok stand sie öfter abgestellt oder musste, weil sie bestens gepflegt war, als „saubere Heizlok“ bei Festveranstaltungen neben dem Dienstgebäude in Schöneweide herhalten.

Ein Pflegekollektiv des DMV

Eine Traditionslok hatte die DR damit für Berlin ausgesucht. Aber gab es auch Betreuer für die Maschine? Der DMV war eine Heimstätte vieler Eisenbahnfreunde und Freunde des Schienenverkehrs. Und in der Tat, dort fanden sich in den Berliner Gruppierungen einige Interessenten zusammen, Reichsbahner zumeist, die sich für die Dampftraktion begeisterten – unter anderem auch ich. Plötzlich nahm die Initiative richtig Fahrt auf. Viele Jugendliche erschienen, die betonten, dass sie eine Dampflok betreuen wollten. Sie betonten es so sehr, dass wir hellhörig wurden. Später stellten wir fest, dass das eine oder andere gänzlich neue Mitglied ein IM, ein inoffizieller – freiwilliger – Mitarbeiter der Staatssicherheit war. Sogar offizielle Mitarbeiter der Stasi hatten sich unter die Interessenten gemischt.

Nichtsdestotrotz wollten wir, eine Gruppe von Berliner Eisenbahn-Enthusiasten, uns um die Traditionslok 52 6666-3 kümmern. Im Herbst 1985 war es so weit, dass eine Partnerschaft mit dem Bw Schöneweide arrangiert werden konnte. Wie das gelang, blieb uns zunächst ein Rätsel. Der damalige Schöneweider Chef Egon Haase war alles andere als ein Freund der Dampfrösser und ihrer Fans. Aber er beugte sich, stellte Lokführer und Schlosser als unsere Begleiter vor. Den Grund für das überraschende Entgegenkommen erfuhren wir Jahre danach: Auch diese Betreuer hatten Aufgaben als IM.

Fürs erste war aber ein Pflegekollektiv des DMV für Lok „viermal die sechs“ geschaffen. Aus der Jugendgruppe wurde die Arbeitsgruppe „Dampflokomotiven“. In dieser fanden sich einige Eisenbahner, die in ihrer Freizeit schon oft als Heizer fuhren, ja sogar längere Zeit in anderen Bahnbetriebswerken als Heizer aushalfen. Die Kenntnisse waren da. Die weiteren Mitglieder aus anderen Bereichen sollten in wöchentlichen Einsätzen die Unterhaltung der Dampflokomotiven erlernen. Von der Kesselwäsche bis zur Reparatur.

Hier verlacht, da bester Kunde

Unser Steckenpferd machte uns bei den Kollegen schnell zum Gesprächsstoff. Viele Lokführer und Schlosser, alte wie junge, lachten über die „Verrückten“. „König Dampf“, meinten sie, solle endlich ausgedient haben. Beim Leiter Tb (Triebfahrzeugbetrieb) waren wir dagegen bester Kunde, gefragt wie nie. Am Wochenende seien noch

Daten zur Lok

Auszug aus dem Betriebsbuch der 52 6666

52 6666, ab 1970 52 6666-3, ab 1992 088 525-1
Fabriknummer 1492
Gebaut von A.G., vormals Škodawerke in Pilsen
Tag der Anlieferung: 27.10.1943
Tag der Endabnahme: 27.10.1943
Endabnahme im Raw Chemnitz am 27.10.1943, Probefahrt von Chemnitz nach Narsdorf

Beheimatungen

Bw Nossen	28.10.1943 – 28.12.1944
Bw Ch.-Hilbersdorf	14.01.1945 – 06.04.1947*
Bw Berlin-Lichtenberg	20.05.1947 – 30.06.1954**
Bw Bln-Rummelsbur	01.07.1954 – 22.09.1956
Bw Bln-Schöneweide	23.09.1957 – 05.06.1959
Bw Jüterbog	06.06.1959 – 28.10.1971***
Bw Bln-Schöneweide	29.10.1971 – 29.06.1994 z****

* keine Beheimatungen im Betriebsbuch nachgewiesen. Dargestellt sind für diese Zeit folgende Aufenthalte im RAW Zwickau: RAW Zwickau L0 29.12.1944 – 13.01.1945, RAW Zwickau L2 03.04.1946 – 10.05.1946, RAW Zwickau L3 07.04.1947 – 19.05.1947. Im Leistungsnachweis ist das Bw Chemnitz-Hilbersdorf als Heimat-Bw 1945 – 1947 eingetragen.
** 1949 zeitweise im Leistungsnachweis im Bw Berlin-Grunewald dargestellt
*** kein Austrag durch das Bw Jüterbog,
**** kein Austrag im Bw Berlin-Schöneweide. Lok von erneuter Aufarbeitung zurückgestellt (z)

Die Lok ist im Lokschuppen des einstigen Bw Berlin-Schöneweide hinterstellt und wird bei Veranstaltungen öffentlich präsentiert.

Zuständige Ausbesserungswerke waren Chemnitz 1943 – 1947, Stendal 1949 – 1952, Cottbus 1953, Stendal 1955, Berlin-Tempelhof 1956, Stendal 1957 – 1979, Meiningen 1981 – 1991.

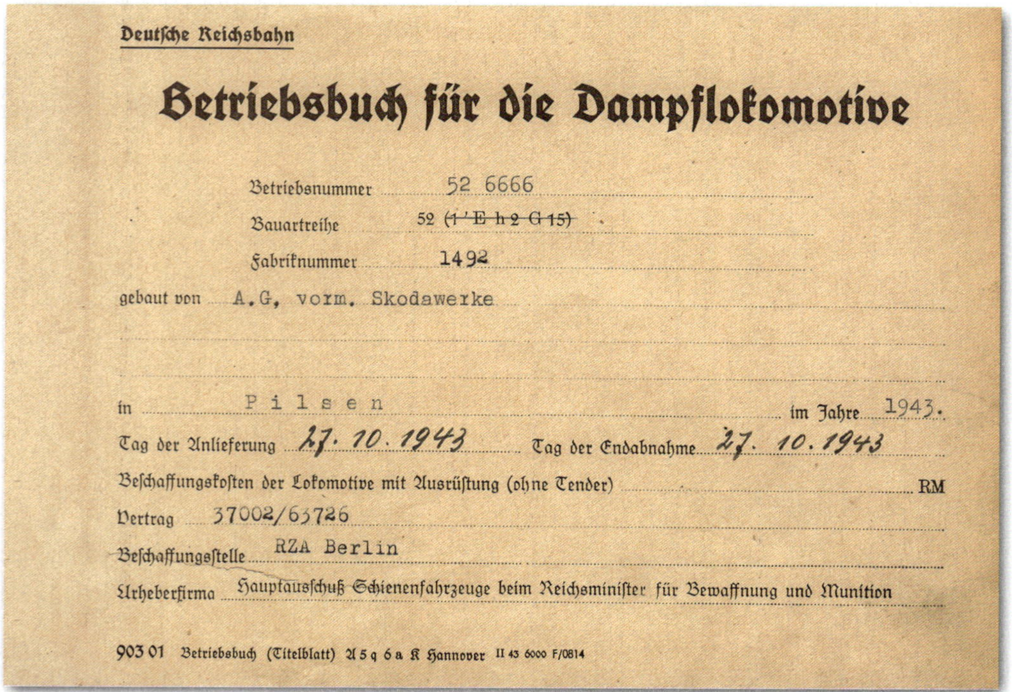
Deutsche Reichsbahn

Betriebsbuch für die Dampflokomotive

Betriebsnummer 52 6666
Bauartreihe 52 ~~(1'E h 2 G 15)~~
Fabriknummer 1492
gebaut von A.G. vorm. Skodawerke
in Pilsen im Jahre 1943.
Tag der Anlieferung 27. 10. 1943 Tag der Endabnahme 27. 10. 1943
Beschaffungskosten der Lokomotive mit Ausrüstung (ohne Tender) RM
Vertrag 37002/63726
Beschaffungsstelle RZA Berlin
Urheberfirma Hauptausschuß Schienenfahrzeuge beim Reichsminister für Bewaffnung und Munition

903 01 Betriebsbuch (Titelblatt) A5q 6a K Hannover II 43 6000 F/0814

Die Beschreibung der Lok, einzusehen in dem Betriebsbuch für 52 6666 Slg. Volkmar Kubitzki

Am 10. Mai 1986 sind Hauptlokführer Erhard Geier und ich ein Personal für 52 „viermal die sechs". Mit den Kenntnissen meiner Ausbildung 1982 und den Plandiensten 1984 im Bw Brandenburg waren die Sonderzugfahrten mit den Scheinanfahrten sehr gut zu bewältigen Th. Uhlemann/Slg. Michael Reimer

Heizerdienste im Betonmischzug oder an der Weichenheizung offen… Okay, wir sagten zu und waren mit Reko-52ern und auch 52 6666 dabei. Dafür gab es gutes Geld. Der Traditionslokdienst mauserte sich. Und was die Spötter betrifft: Mancher junge Lokführer, der anfangs über uns lachte, ist heute im Nachfolge-Verein tätig ...

So gut sich das erste Jahr angelassen hatte, es endete im Dezember 1985 mit einem Kesselschaden, verursacht durch ein fremdes Personal im Bahnhof Teltow. Nun stand die Schnapszahl-52 wieder abgestellt und wartete auf Aufnahme in das Raw. Künftig sollte es dann Stammpersonale geben, altgediente Lokführer und zumeist die Heizer vom DMV.

Mit geflicktem Kessel stand 52 6666 ab Mai 1986 dem Fahrtprogramm wieder zur Verfügung. Nahezu in einem Ritt ging es vom Raw Meiningen über Berlin nach Templin. Dort wurden die runden Ziffern gegen im Westteil Berlins angefertigte Spitzzahlen getauscht. Von Templin verlief die Tour über Fürstenberg – Templin nach Löwenberg, zusammen mit der Geraer 38 1182.

Das An- und Abbauen aller Schilder und auch des Läutewerkes war sowieso ein eigenes Thema. Bei jeder Fahrt brachte es uns aufwendige Vor- und Nacharbeit ein. Aber es hatte auch seine Vorteile: Wir besaßen drei Schildersätze, die wir nach Wunsch aufsetzen konnten. Ob runde Ziffern, runde Ziffern mit EDV-Zusatzzahl oder Spitzziffern, wir waren gerüstet. Und um den Schildertausch rascher durchführen zu können, hatten wir die Schrauben festgeschweißt und befestigten nun alles mit Hutmuttern. Die stammten aus dem Bww Falkenberg, wo wir auf hilfsbereite Eisenbahner gestoßen waren. Mit der Schilder-Auswahl, weiteren kleinen und großen Umrandungen oder Blumensträußen an der Rauchkammertür überraschten wir bei den Veranstaltungen immer wieder.

Schade nur, dass das Sonderzugprogramm in all den Jahren übersichtlich blieb. Ab und zu wurden wir vom DMV in Berlin geordert. Öfter sorgten persönliche Bezie-

Auch mit zwei- und dreiachsigen Personenwagen macht die 52 eine gute Figur. Aufgenommen an der Blockstelle Oderin bei einer Sonderfahrt für ein Reisebüro in den Spreewald, Juni 1986 M. Reimer

Wie viele Arbeitseinsätze wir für 52 6666 aufgewendet haben, kann ich im Rückblick nicht sagen. Aber es machte unglaublich viel Freude, neben den Lokomotiven des Regelverkehrs unsere Maschine in Stand zu halten. Auch im April 1989 sind wieder einige von uns im Bw Schöneweide bei der Traditionslok am Werk. Inzwischen hat der Kessel die kantigen Windleitbleche zurück Th. Uhlemann/Slg. Michael Reimer

Bisweilen präsentierten wir die Lok in der Gestaltung zu Kriegszeiten. Für eine Reisebüro-Sonderzugfahrt nach Lutherstadt Wittenberg im September 1986 hat 52 6666 Pufferteller-Warnanstrich, Tarnlampen und eine Bw-Beschriftung an der Rauchkammer erhalten Michael Reimer

hungen zu anderen Arbeitsgemeinschaften dafür, dass wir mit 52 6666 ausrückten und etwa in Zwickau oder Erfurt West gastierten. Wir machten Fahrten für das Reisebüro der DDR (für Reisegruppen aus West-Berlin zum Spreewald) oder für Rentner nach Lutherstadt Wittenberg. Dazu kamen jährlich Touren zum Jazzfestival im Fläming und ein paar Filmaufnahmen. Für eine Abfahrszene der Sowjetischen Armee 1945 im Bahnhof Storkow zusammen mit 52 4966 waren wir für den Film „Der Sieg" fünf Tage beschäftigt.

Weitere bekannte Berliner Sonderzugfahrten führten wieder mit 38 1182 von Angermünde nach Wriezen oder mit der Škoda-Schwesterlok 52 8021 zusammen nach Beeskow. Und es gab bereits zu früheren DR-Zeiten „Plandampf". Zum 120-jährigen Bestehen des Rangierbahnhofs Berlin-Rummelsburg 1989 fuhren wir drei Tage Leerreise- und Postzüge durch die Stadt. An den Sonderzugfahrten im Westteil der Stadt nahm 52 6666 auch teil, jedoch ohne uns. Ebenso mussten wir bei den Solidaritätssonderzügen zum Berliner Alexanderplatz zusammen mit 74 1230 die Lok den „Passpersonalen" des Bw Ostbahnhof übergeben. Ab Berlin Ostbahnhof fuhr man bereits auf der „Transitstrecke". Unserem Eifer schadete das wenig. Stolz konnten wir darauf verweisen, dass mit der festen Mannschaft und vor allem der Werkstattabteilung TU im Bw Schöneweide unsere 52 stets einsatzbereit war.

Wir bauen um!

Was uns mehr störte: 52 6666 hatte nicht mehr das Ursprungsaussehen. Die charakteristischen kantigen Windleitbleche der 52 waren mit dem Kesseltausch 1978 im Raw Meiningen verschwunden. Die leicht gerundeten, nach vorn geneigten neuen Bleche gaben der Lok ein merkwürdiges Aussehen. Vielfach versuchten die Eisenbahnfreunde des DMV, diese Bleche zu richten, sie neu zu befestigen oder schlichtweg gewaltsam durch einen Gabelstapler zu verbiegen. Das Bild wurde nicht besser. Da neue Bleche im Bw Schöneweide nicht zu kriegen waren, versuchten wir es 1988 mit einem Tausch. Nur wenige Lokomotiven kamen infrage. Die Windleitbleche der Glauchauer 50 2146 durften nicht verändert werden, da die Lok verkauft war. Blieben die der abgestellten Halberstädter 50 3512. Ein Anruf beim Bw-Chef in Halberstadt: Der Leiter stimmte einem Tausch zu. In Berlin organisierten wir einen Sitz-Gepäck-Reisezugwagen, beluden ihn mit den vorhandenen 52er-„Ohren“, ließen ihn in den D-Zug nach Halberstadt einstellen und fuhren zu viert in die Stadt am Harz. Dort holte eine Rangierlok der Baureihe 102 den Wagen ins Bw, ein Gabelstapler erledigte den Austausch. Danach ging es zurück nach Berlin … und die neuen Bleche passten! Was alles so auf dem kleinen Dienstweg klappte. Es war der direkte, offene Kontakt. Und auch im Bw Schöneweide gab es mit dem neuen Bw-Chef Hans-Jürgen Neumann und dem Hauptingenieur Krauß Eisenbahner, die zuhörten und sich einbrachten.

Der nächste Tausch betraf die Vorläufer-Achse. Passend für einen „Originalzustand“

In mehreren Etappen versuchten wir, Lok 6666 in den Zustand als Kriegslok zurückzuversetzen

wäre ein Vollradscheibe. Noch hatte die Lok an der Stelle Speichenräder. Doch jegliche Tauschversuche mit anderen 52ern im Bw Schöneweide scheiterten. Zu umfangreich wären die Anpassungsarbeiten aufgrund unterschiedlicher Rahmenbauarten der Hersteller geworden. Und so überlegten wir: Passt Škoda zu Škoda? Wustermark hatte Lok 52 8021, die nach ihrer Aufarbeitung im Raw einen Scheibenradsatz vorwies. Der Leiter des Bw Wustermark stimmte unserem Vorhaben sofort zu. An einem Wochenende ging es mit 52 6666 unter Dampf als Lokzug nach Wustermark und nach wenigen Stunden war der Tausch vollzogen. Aktionen, die heute unvorstellbar sind.

Rückblickend betrachtet, kann man einige unserer Wünsche durchaus ambitioniert nennen. Für die 1990 geplante Hauptuntersuchung hatten wir dem Leiter des Bw Schöneweide Pläne vorgelegt, die das Aussehen von 52 6666 noch mehr auf die Vergangenheit ausrichten sollten. Wir dachten an einen Frostschutz, das Versetzen der Lichtmaschine und des Dampfverteilers sowie an einen zweiten Tender. Das sollte ein Wiener Steifrahmentender sein. Ein extravagantes Vorhaben, denn solche Tender gab es bei der DR nicht mehr. Nach vielen erfolglosen Anfragen endlich ein Hoffnungsschimmer: Ein Foto zeigte einen gut erhaltenen Wasserwagen in Köthen, der aus einem Steifrahmentender hervorgegangen war. Ob man den vielleicht …?

Einmal Altbau, zweimal Reko: Im Mai 1987 kommt es in Beeskow zu einem kleinen 52er-Treffen mit unserer 52 6666 sowie den rekonstruierten Schwesterloks 52 8021 und 8163. Dabei befindet sich 52 8163 damals noch im regulären Lokbestand der Deutschen Reichsbahn Michael Reimer (3)

Alles ist möglich bei den Sonderfahrten der Traditionslok. Am 30. Juli 1987 übernehmen wir einen Zug mit Städteexpress-Wagen von Erfurt nach Berlin; im Bild bei der Ausfahrt aus Halle (Saale) Hbf

Im Juli 1987 waren wir zu Gast auf der Erfurter Traditionsbahn. Jeden Abend machten wir unsere eigene Sonderzugfahrt nach Bindersleben – mal mit dem Veltener Zug oder mit einem ehemaligen Salonwagen, mal mit einem Messwagen aus der VES-M Halle

In den frühen 1990ern fährt 52 6666 wieder Sonderzüge in Berlin, unter anderem auf der Stadtbahn, wo sie im Juni 1993 gerade den Bahnhof Friedrichstraße verlässt. Grenzen und Beschränkungen gibt es nicht mehr; wir vom „Pflegekollektiv" dürfen unsere Maschine nun überall hin begleiten

Unsere Anlaufstelle für Hauptuntersuchungen und größere Reparaturen: Regelmäßig ist 52 6666 im Raw Meiningen zu Gast, wie hier im Juni 1990

Seit mehr als zwei Jahrzehnten steht 52 6666 als rollfähiges Schaustück im Bw Schöneweide – im „letzten Rückbauzustand" mit Scheibenrädern an der Vorlaufachse und Steifrahmentender. Wann die Lokomotive wohl wieder dampfen wird?

Michael Reimer (4)

Inzwischen war die Mauer offen, in der Euphorie so unmittelbar nach der Wende schien viel Platz für visionäre Ideen zu sein. Die DR investierte reichlich Geld in den Aufbau verschiedenster Fahrzeuge. Und wir gingen auf Tuchfühlung zu Köthen, wo der Leiter einer Abgabe des Wasserwagens zustimmte – wenn wir ihm dafür einen Tender gäben. Die für April 1990 anstehende Fahrt zum Raw Meiningen wurde somit auch zu einer Reise in Sachen Tendertausch. Aus der Schadreihe im Bw Schöneweide hatten wir den Tender von 52 2614 herausgeholt und vorbereitet. Stunden später fuhr 52 6666 mit diesem zweiten Tender nach Halle. Dort stand der Wasserwagen, wir tauschten ihn gegen unser Mitbringsel der 52 2614 und weiter ging's nach Meiningen. Nach Transportkosten fragte niemand.

Nach zwei Monaten stand 52 6666 in Meiningen mit dem neuen Kessel, entnommen von 52 5660, bereit. Das erfreute nicht alle. Manche beklagten, man hätte auch 52 5660 von Schichau erhalten können…

Auf die Schilder an der Lok verzichteten wir fortan. Wie zur Anlieferung genügte eine Schablonen-Anschrift. Die nächsten Sonderfahrten lehrten uns außerdem, dass nicht jede Anpassung an den früheren Bauzustand geglückt war. Der Kasten über der Luftpumpe erwies sich als zu groß. Auch andere dampfführende Teile wurden zu schnell heiß. Die Verkleidungen um die Pumpen oder um den nach innen verlegten Dampfverteiler mussten wir wieder entfernen. Nur die Lichtmaschine konnte an ihrem neuen Platz vor dem Führerhaus verbleiben. Schwierig gestaltete sich weiterhin der Aufbau des zweiten Tenders im Raw Meiningen. Es fehlten Zeichnungen. Wenigstens bekamen wir die in Berlin bei Eisenbahnfreunden. Rasch im Westteil der Stadt kopiert, schickten wir sie am nächsten Tag im D-Zug nach Meiningen.

Und schließlich kam der Tag, an dem wir den Tender abholen sollten. Abholen? Ein wenig Testen wäre vielleicht nicht schlecht. Wir knüpften Kontakt zu Robin Garn, dem bekannten Plandampfinitiator, teilten mit, dass wir im Februar 1991 auch in Meiningen seien, und fragten, ob nicht in der Zeit Planzüge anstünden. Alle wurden sich schnell einig, und wir erledigten drei Tage „Anpassungsarbeiten" im Zugdienst.

Wer heute über diesen Tender meckert, der weiß nicht, wie mühevoll das Besorgen jeglicher Teile oder Fahrzeuge zu DR-Zeiten war. Natürlich war diesem Steifrahmentender ein schlechter Bogenlauf beschieden. Aber was machte das? Durch eine enge Weichen-Verbindung in Töpchin lief der Tender sogar gut; da machte uns eher der Vorläufer Sorgen, der am Rahmen kratzte… Und sicherlich war auch eine Glocke nicht gänzlich typisch für eine 52er. Doch in den 1960er-Jahren wiesen viele einstige Kriegsloks diese auf. Und bei Sonderzugfahrten war es eine Besonderheit.

Eine Absprache beim Plandampf macht es möglich: Im Februar 1991 dürfen wir die frisch mit Steifrahmentender ausgestattete Lok vor Regelzügen in Thüringen erproben. Hier beim Zwischenhalt in Oberhof am 20. Februar 1991

Kurzum: Mochte unsere 52 6666 in mancher Hinsicht einen Kompromiss darstellen, uns in und um Berlin machte sie stolz.

Zwischen Wende, Neubeginn und Aus

Nochmal zurück zur politischen Wende, die in der DDR in so ziemlich allen Bereichen alles neu machte. Der DMV zum Beispiel war alsbald nach dem Herbst 1989 Geschichte. Wie nun weiter in den neuen Gesellschaftsformen der Bundesrepublik? Unsere Gruppe schloss sich dem Verein „Preußische Staatseisenbahn e.V. – Dampflokfreunde Berlin“ an. Letztlich verfolgte dieser Verein andere Ziele. Und doch organisierten die Dampflokfreunde mit dem Fahrvergastverband ProBahn Sonderzugfahrten unter anderem nach Töpchin, Neuruppin, Röbel oder Beeskow. Hinzu kamen die ersten öffentlichen Tage im Bw Schöneweide. Zu Ostern 1992 startete eine gewaltige Schuppenparade. Nach Bayern verkaufte Loks konnten mit der Zustimmung des neuen Besitzers umgeleitet und präsentiert werden. Zwei weitere Publikumstage folgten bis 1994, die die Organisatoren an ihre Grenzen brachten. Ohne das Mitwirken des Bw-Chefs Neumann wäre vieles nicht möglich gewesen. Er leistete auch bei verschiedenen weiteren Aktivitäten rund um Lokomotiven der Baureihe 52 Unterstützung, wie bei dem Ankauf von 52 8177 oder der neu eingerichteten wöchentlichen Plandampfaktion, bei der zumeist Reko-52er samstags nach Lübbenau („Gurkenzug“) und sonntags nach Rheinsberg dampften.

Leider entwickelten sich auch Querelen im Verein, die einen stetigen Mitgliederabgang bewirkten. Von den DMV-Freunden war nach 1993 kaum noch einer dabei. Einsätze für 52 6666 wurden selten, und nahezu unbemerkt kam schließlich das Datum der endgültigen Abstellung im Juni 1994.

Nahezu unbemerkt kam 1994 die Abstellung für 52 6666. Seitdem steht sie im Bw Schöneweide

Neu waren die Initiativen im Bw Schöneweide. Mit der Aufnahme von Schöneweider Eisenbahnern in den Verein „Dampflokfreunde Berlin“ fanden sich neue Mitglieder, die zunächst die betriebsfähige Aufarbeitung von 52 8177 forcierten. Das DB Museum übergab 1996 formell 52 6666 als Leihgabe an die Dampflokfreunde. Bei Ausstellungen zeigte man sie – mal mit Wannentender, mal mit Steifrahmentender. Nur ihren Schneepflug hat sie irgendwie eingebüßt, den sie zu DR-Zeiten quasi von der veräußerten 52 1360 bekommen hatte.

Ende der 1990er initiierte die Zentrale DB Fernverkehr das DB-Nostalgieprogramm. Neu im Bw Schöneweide war dafür 74 1230. 52 6666 hatte man nicht vorgesehen. Verschiedene Pläne kursierten, nur eine Aufarbeitung dieser 52 schied aus. Bald darauf zog Ruhe bei den DB-Aktionen ein.

Heute steht 52 6666 neben anderen im Rundschuppen des Bw Schöneweide bei den neuen Dampflokfreunden in Berlin. Ich habe mich nach Querelen und aus beruflichen Gründen aus dem Pflegekollektiv zurückgezogen, aber hin und wieder gelingt es mir, „viermal die sechs“ zu besuchen. Es ist immer eine schöne Begegnung – verbunden mit der leisen Hoffnung, dass ich sie eines Tages wieder unter Dampf sehen darf.

Bei Berlin-Lichterfelde nehmen 17 120 und 03 174 im Juni 1935 mit FD 80 von Berlin nach München Fahrt auf Carl Bellingrodt/Slg. Brinker

Das neue Heft ab 9. Dezember im Handel

PLUS DVD

Das erwartet Sie im nächsten Bahn*Extra*:

FD-Züge der Reichsbahn

Anno 1923 führte die Deutsche Reichsbahn eine neue Zuggattung ein: den Fernschnellzug, kurz FD. Zu dieser Gruppe gehören einige der berühmtesten Züge der deutschen Zwischenkriegszeit. Der „Rheingold" (als „FFD") nahm es mit internationalen Luxuszügen auf, die Schnelltriebwagen (SVT) machten als „Fliegende Züge" mit erstaunlichen Fahrzeiten von sich reden. Bahn Extra stellt die FD-Züge vor, ihre Merkmale, ihre Entwicklung, ihre Fahrzeuge, ihre Bedeutung. Mit vielen Beispielen und seltenen Fotos!

Außerdem für Sie im Heft:

Rund um Berlin

Die Sputnik-Züge zu Dampf- und Dieselzeiten

Prominenz in Hamm

Ein Bw-Besuch in den 1960er-Jahren

Juwel auf schmaler Spur

Bei der Waldeisenbahn Muskau

Rainer Heinrich

Schlussbild rechte Umschlagseite

Vereint bergan

Im Oktober 1979 ist die Gotthard-Bergstrecke eine der wichtigsten Alpentransversalen und die Re 4/4 der Schweizerischen Bundesbahnen dort öfter zu sehen. Zwei der vierachsigen Elloks bespannen den D 381 von Stuttgart nach Mailand und erreichen auf dem Weg in die Berge gerade Flüelen. Ein wenig Lokomotivkunde gibt es dabei auch: Die Vorspannlok, eine Re $4/4^{II}$, verfügt über einen Stromabnehmer, die Zuglok, eine Re $4/4^{II}$ oder Re $4/4^{III}$, über deren zwei Foto: P. Schiffer/Eb-Stiftg.

BAHN*Extra* vereinigt mit BAHN*Epoche*

IMPRESSUM

Heft: Ausgabe 6/2022, Nummer 180, Jahrgang 33

Editorial Director: Michael Hofbauer

Chefredakteur: Florian Dürr (V.i.S.d.P.)

Verantwortlicher Redakteur: Thomas Hanna-Daoud

Red.: Peter Schricker (f), Andreas Ritz, Miriam Roßmäßler (f)

Mitarbeitende der Ausgabe: Peter Bley, Dirk Endisch, Christian Gloel (Achtung – mit e mit zwei Punkten), Rainer Heinrich, Andreas Knipping, Wilfried Kohlmeier, Markus Lohneisen, Josef Mauerer, Michael Reimer, Ulrich Rockelmann, Rolf Schierer, Harald Schönfeld, Dr. Stefan Vockrodt, Martin Weltner u. v. m.

Redaktionsassistenz: Brigitte Stuiber

Layout: Rico Kummerlöwe

Leitung Produktion Magazine: Sandra Kho

Producerin: Joana Pauli

Verlag: GeraMond Media GmbH, Infanteriestraße 11a, 80797 München

Geschäftsführung: Clemens Schüssler

Geschäftsleitung Marketing: Josef Linus Stahl

Gesamtleitung Media: Bernhard Willer, bernhard.willer@verlagshaus.de (verantwortlich für den Inhalt der Anzeigen)

Anzeigenleitung: Bettina Wilgermein, bettina.wilgermein@verlagshaus.de

Anzeigendisposition: Hildegund Roeßler, hildegund.roessler@verlagshaus.de

Leitung Abomarketing: Florian Rupp

Vertriebsleitung: Dr. Regine Hahn

Vertrieb/Auslieferung: Bahnhofsbuchhandel, Zeitschriftenhandel: MZV Moderner Zeitschriften Vertrieb Unterschleißheim (www.mzv.de)

Litho: Ludwig Media Gmbh, Zell am See, Österreich

Druck: Walstead Central Europe, Krakau, Polen

 ISSN 0937-7174
ISBN 978-3-96453-648-8

Gerichtsstand ist München.

GeraMond

KUNDENSERVICE, ABO und EINZELHEFTBESTELLUNG

BAHN EXTRA ABO-SERVICE
Gutenbergstraße 1, 82205 Gilching
+49 (0)89/46 22 00 01
Unser Kundenservice ist Mo.-Fr. 08.00-18.00 Uhr telefonisch erreichbar.
leserservice@bahnextra.de
www.bahn-extra.de

Preise: Einzelheft 12,90 € (D), 14,60 € (A), 25,80 sFr (CH), 14,90 € (B, Lux), 15,40 € (NL), 130,00 DKK (DK) (bei Einzelversand zzgl. Versandkosten), Jahres-Abopreis (6 Hefte) 69,60 € (inkl. gesetzlicher MwSt., im Ausland zzgl. Versand)

Abo bestellen unter www.bahnextra.de/abo

Die Abogebühren werden unter Gläubiger-Identifikationsnummer DE63ZZZ00000314764 des GeraNova Bruckmann Verlagshauses eingezogen. Der Einzug erfolgt jeweils zum Erscheinungstermin der Ausgabe, der mit der Vorausgabe angekündigt wird. Den aktuellen Abopreis findet der Abonnent immer hier im Impressum. Die Mandatsrefernznummer ist die auf dem Adressetikett eingedruckte Kundennummer.

Erscheinen und Bezug: Bahn Extra erscheint 6-mal jährlich. Sie erhalten Bahn Extra (Deutschland, Österreich, Schweiz, Belgien, Niederlande, Luxemburg, Dänemark) im Bahnhofsbuchhandel, an gut sortierten Zeitschriftenkiosken sowie direkt beim Verlag.

Händler in Ihrer Nähe finden Sie unter www.mykiosk.de

LESERBRIEFE & BERATUNG

BAHN EXTRA,
INFANTERIESTRASSE 11A, 80797 MÜNCHEN
+49 (0)89/13 06 99 720
+49 (0)89/13 06 99 700
redaktion@bahnextra.de
www.bahn-extra.de

Bitte geben Sie auch bei Zuschriften per E-Mail immer Ihre Postanschrift an.

PEFC
PEFC/32-32-082
PEFC zertifiziert
Dieses Produkt stammt aus nachhaltig bewirtschafteten Wäldern und kontrollierten Quellen
www.pefc.de

ANZEIGEN

anzeigen@verlagshaus.de
Mediadaten: www.media.verlagshaus.de

Es gilt die Anzeigenpreisliste vom 1.1.2022

GERANOVA BRUCKMANN VERLAGSHAUS